KB233659

12대를 이어온 나눔과 상생의 실천 가문

경주최부잣집 이야기

12대를 이어온 나눔과 상생의 실천 가문

경주최부잣집 이야기

개정판 1쇄 발행 2025년 12월 31일

펴낸이	경주최부자민족정신선양회
주소	38170 경북 경주시 교촌안길 27-24
전화	054-774-0202
이메일	choibuja@kakao.com

출판사	예술과마을
등록	2014년 3월 25일(제2014-000006호)
주소	38145 경상북도 경주시 북성로 80-11(동부동) 헤렌하우스 103호
전화	010-8030-6919
이메일	eulinjae@naver.com
제작	명지북프린팅
정가	15,000원

ISBN   979-11-91786-15-6 (03090)

12대를 이어온 나눔과 상생의 실천 가문

경주최부잣집 이야기

경주최부자민족정신선양회

예술과마을

차 례

1부 : 노블레스 오블리주의 표상, 경주최부잣집

1장 부자 일반론

부자의 개념 13
세계의 부자 가문
| 이탈리아 메디치 가문(1375~1743, 368년) 18
| 독일 머크 가문(1668~현재, 352년) 21
| 유대인 로스차일드 가문(1760~현재, 260년) 26
| 스웨덴 발렌베리 가문(1856~현재, 164년) 31
| 미국 록펠러 가문(1863~현재, 157년) 35
유대인의 부자 교육
| 부에 대한 우리의 인식 41
| 유대인의 영향력 43
| 유대인의 경제 교육 45
노블레스 오블리주
| 노블레스 오블리주의 의미 53
| 노블레스 오블리주의 유래 54
| 세계의 사례들 54
| 한국의 노블레스 오블리주 59

2장 경주최부잣집의 부(富)

충의로 일으킨 명부의 가문
| 최진립의 생애 63
| 경주 최부잣집의 청렴과 충의 66

| 경주최부잣집 가문의 철학 | 69 |

부의 형성 과정

명가 명부의 정신적 기반	77
부의 토대 마련	78
급격한 부의 증가	80
계승과 발전	83

부의 유지 비결

동반 성장의 체계 : 반분타작(병작반수), 단갈림	86
엄격한 가정교육	89
육훈으로 본 장부(長富) 경영의 비결	90
합리적 경영	95

부자정신의 실천 : 나눔과 베풂 | 99 |

최부자정신의 현대적 의미

| 인식과 태도의 문제 | 104 |
| 자본주의의 문제점 해결 | 108 |

3장 노블레스 오블리주의 표상

일제강점기의 독립 운동   113
문화 사업 지원   116
교육 사업에 투신   120
국채보상운동 주도   123

2부 : 경주최부잣집의 남기고 싶은 사연들

최부잣집 우물에 얽힌 내력	129
비보림(裨補林), 교촌을 지켜주던 숲	136
교동법주와 경주법주	141
남천과 문천(蚊川), 문천(汶川)과 필재정	145
석조 수조와 금관고	148
최부잣집의 유물 재활용	151
교촌에 피신했던 신돌석 장군	153
의친왕의 교촌 방문	156
스웨덴 왕세자 구스타프의 교촌 방문	160
초대 미국대사 무초를 위한 남사당 놀이	164
최부잣집에 남겨진 독립운동가 명함	168
대한광복회와 교촌	171
대한광복회 비밀요원 김재열과 교촌	175
백산무역 창립회의가 있었던 최부잣집 큰 사랑채	178
교촌과 의열단	182
영화 밀정의 김시현 사돈댁	188
최부자가 후원한 이육사와 권오설	192
최부잣집 감시인, 총독부 순사들	195

최부자 최준과 동생들의 죽음　198

교촌에 피신했던 대한민국 2대 내무장관과 3대 내무장관　202

최부잣집과 실학　205

정인보와 최남선의 『동경통지』 편집실, 사마소　209

교촌 사마소와 동학 구물천　213

동학과 최부잣집　216

삼백 년 곳간과 구멍뒤주　220

노비에게 올리는 제사　222

10대 최부자 또는 12대 최부자　225

최부잣집 진사는 아홉이냐 열이냐?　229

효자 최현식과 노래자(老萊子) 이야기　232

교촌에 이렇게 많은 학교가! 초등학교에서 대학까지　235

최준의 교육사업과 인촌 김성수　237

국채보상운동과 월성학교, 그리고 월성여학교　240

최고 명창 박동진이 젊은 날 머물렀던 교동　243

최부잣집 차남, 최윤(崔潤)　247

교촌 최부자는 어떤 사람들인가?　250

교촌과 영남대　255

활인당　'활인당(活人堂)'은 충신 정무공 최진립의 손자 최국선(1631~1682)이 사방 100리 안에 굶어 죽는 사람이 없게 한다는 신념으로 이조리 동네 어귀에 초가집을 짓고 곳간을 열어 죽을 쑤어 굶주린 사람들을 구휼한 곳이다. 이것이 경주 최부자의 상생과 나눔 정신의 시발점이 되었다. 훗날 최부잣집이 교촌으로 이사한 후에도 이러한 정신은 계속되었고, 6·25 때에도 최부잣집 앞 공터에 솥을 걸고 죽을 쑤어 피난민을 구휼하였다. 이에 후손들은 선대의 상생 정신을 계승 실천하면서 경주 최부자의 명성을 이어오고 있다. 사진은 경주시 내남면 이조리 충의공원의 활인당(活人堂).

1부 : 노블레스 오블리주의 표상, 경주최부잣집

1장 | 부자 일반론

부자의 개념
세계의 부자 가문
유대인의 부자 교육
노블레스 오블리주

세상에 부자는 많지만 참된 부자의 길을 아는 사람은 많지 않다. 그래서 가진 자의 책무로서 '노블레스 오블리주'를 몸소 실천한 경주최부자의 정신이 오늘날 더욱 소중하다.

　부자는 인류의 기록 역사에서 항상 존재해 왔다. 과거에 클레오파트라, 칭기즈 칸, 톨스토이, 또 동서양의 황제들이 있었다면, 현재에는 빌게이츠, 워렌 버핏, 마크 저커버그, 제프 베조스 등의 사업가들이 대표적인 부자로 꼽힌다.

　부자의 기준은 시대적 상황이나 평가 방법, 개인적인 판단에 따라 다양하겠지만, 우리가 흔히 백만장자(millionaire)라고 하듯이 미화 100만 달러, 한화로 약 12억 정도를 생각해 볼 수 있다. 또한 우리나라의 모 금융미디어에서 2004년부터 매년 실시하는 대국민 설문조사인 '당당한 부자' 설문에서는 38.8%가 10억 이상이면 부자라고 응답하였다. 이런 기준에 따르면 전 세계에서 부유한 선진국은 미국, 중국, 일본과 영국, 프랑스, 독일을 비롯한 유럽의 여러 나라들이다(전 세계 약 4,700만 명 정도의 백만장자 중에서 약 1,860만 명은 미국에, 약 450만 명은 중국에, 약 300만 명은 일본에, 약 1,100만 명은 유럽에 있으며, 우리나라에는 약 75만 명이 있는 것으로 발표되고 있다-2019, 크레딧 스위스 보고서).

역사적으로 선진국은 부자 때문에 발전했다. 나라별 지적 수준을 가장 잘 나타내 주는 노벨상 수상자들을 국가별로 보면 미국, 일본과 유럽연합이 가장 많고, 체육 수준을 가장 잘 표현해 주는 올림픽 금메달리스트들은 미국, 러시아와 중국이 가장 많고 그 다음이 일본과 유럽연합이다. 이처럼 부유한 국가가 지적 수준도 높고, 체육 수준도 높다.

학문적 접근에서 부자란 '자신이 원하는 일을 현재에 할 수 있는 사람'이라고 정의한다. 그리고 부자의 반대말인 일반인은 '자신이 원하는 일을 미래에 할 수 있는 사람'이라고 한다(국민소득 1,000달러 정도에서는 부자(the rich)의 반대말이 빈자(the poor)였으나, 1만 달러가 넘어서면 그 반대말은 일반인(the general)이 된다). 즉 자기가 하고자 하는 일을 성취시킬 수 있는 의지나 능력이 있는 사람이 부자가 된다. 또 다른 연구 결과에 의하면 '성취욕구가 강한 사람'들이 전 세계를 지배하고 있으며, 이러한 '강한 성취욕구의 소유자'들이 대부분 부자라는 것이다.

국민소득 수십 달러에서 1만 달러에 도달하는 데 걸린 기간을 보면 세계 최강국인 미국이 무려 180년, 영국은 200년 넘게 걸렸으며, 대부분의 유럽 국가들과 일본도 100년이 훨씬 넘게 걸렸다. 반면 대한민국은 1960년대부터 1990년대까지 불과 34년 만에 국민소득 1만 달러에 도달하여 전 세계에서 국민소득 1만 달러를 최단기간에 도달한 유일무이한 국가이다. 다른 나라와 달리 유독 한국이 이렇게 빨리 경제적으로나 사회적으로 발전하게 된 원동력은 무엇일까? 그것은 바로 다른 어떤 나라에서도 찾아볼 수 없는 강렬한 '성취욕구' 때문일 것이다.

미국의 심리학자인 매슬로는 인간 욕구의 5단계로 '생리적 욕구 → 안전의 욕구 → 사회적(소속과 사랑의) 욕구 → 자기존중의 욕구 → 자아실현의 욕구'를 들고 있다. 학문적 관점에서 이 5단계설을 살펴보면 부자들은 일반인보다 '자기존중 욕구'와 '자아실현의 욕구'가 훨씬 강한 것이 특징이다. 일반인은 일차적인 생리적 욕구와 안전의 욕구를 어느 정도 해소하면 사회적인 관계 속에서 더 이상 그것을 주체적으로 키워 가려는 생각을 하지 않는다. 쉽고 편한 것을 찾아 더 이상 전진하지 않는다는 말로서, 일반인이 부자가 되기에는 심리적인 한계가 존재하는 것이다. 말하자면 1차 유리벽(glass ceiling)에 막히는 것이다. 부자는 강렬한 자기애와 목적의식으로 이 유리벽을 깨뜨린(break-through)사람이다.

그러나 부자에게도 새롭게 도전할 유리벽이 또 하나 있다. 바로 '자아실현의 욕구를 공통체의 이상과 결합시키는 일'이다. 부(富)가 자기 자신만의 것이 아니라 사회 전체의 것이며, 개인적으로 소유하는 데 가치가 있는 것이 아니라 구성원 전체에게 그 부의 혜택이 돌아가게 하는 데에서 진정한 가치가 구현된다는 것을 깨닫고 행동화하는 것, 즉 개인의 이기심이라는 2차 유리벽을 깨뜨리는 것이다. 물질적으로 많이 가진 것으로 표현되는 '좁은 의미의 부자'가 정신적 자산 또한 풍부한, 존경할 만한 '넓은 의미의 부자'로 재탄생하는 것, 그런 사람이야말로 진정한 부자이자 자본주의 사회를 이끌어 가는 리더이다.

세계의 부자 가문

　일반적으로 부자 가문은 최소 100년(대략 3대) 이상 부를 유지하면서 가문의 전통을 계승한 경우에 해당된다. 전 세계를 통하여 이런 부자 가문은 많지 않다. 이탈리아 메디치(Medici) 가문(1375~1743, 368년), 독일 머크(Merck) 가문(1668~현재, 352년), 유대인 로스차일드(Rothschild) 가문(1760~현재, 260년), 스웨덴 발렌베리(Wallenberg) 가문(1856~현재, 164년), 미국 록펠러(Rockefeller) 가문(1863~현재, 157년), 그리고 경주 최부자 가문(1568~1970, 400년)이 해당된다. '부자 3대 못 간다'라는 옛말처럼, 부자 가문은 이루기도 어렵지만 유지는 더 어려운 일이다. 부자 가문은 두 가지 조건이 있다. 첫째, 부의 규모가 사회적으로 영향을 미칠 수 있는 정도가 되어야 한다. 둘째, 가문의 전통과 철학이 계승되고 있어야 한다. 아무리 기업(가문)의 역사가 오래되었다 하더라도 이들 기준에 부합하지 않으면 부자 가문이라고 부르지 않는다.

이탈리아 메디치 가문(1375~1743, 368년)

1) 부의 형성 및 규모

메디치 가문의 문장(紋章)

면죄부를 팔아 종교 개혁을 초래한 교황 레오 10세와 불멸의 천재 레오나르도 다빈치, 이 두 사람을 하나로 묶을 만한 공통점이 있다. 바로 메디치(Médicis) 가문이다. 레오 10세는 메디치 가(家)의 일원이고 다빈치는 메디치 가의 식객이었다.

메디치 가문의 후원을 받은 사람들 명단에는 미켈란젤로와 라파엘로, 『군주론』을 지은 마키아벨리도 포함되어 있다. 종교재판에서 근신을 명받은 후 여생을 메디치 가의 보호 속에서 보낸 갈릴레이는 새로 발견한 목성의 위성에 '메디치의 별'이라는 이름을 붙이기도 했다. 메디치 가는 이외에도 단테, 도나텔로, 보티첼리, 그리고 건축가인 브루넬레스코 등 이름만 들어도 탄성이 나오는 예술가와 학자, 사상가들을 열정적으로 지원하여 철학, 문학, 역사, 예술이 부흥하는 데 불을 지피며 피렌체에서 르네상스를 일으키는 데 앞장섰다.

메디치 가문의 문화 예술에 대한 후원 규모는 지금 돈으로 약 1조 원에 육박할 정도였다고 한다. 돈은 시대를 변화시키는 계기를 만드는 중요한 자극제가 되었다. 메디치 가문의 돈이 르네상스라는 근대정신을 일깨우는 원동력을 제공하고, 사람의 마음에 창조와 희망 그리고 열정의 바람을 일으킨 것이다.

오늘날 메디치 가문 영광의 기반을 닦은 금융인 조반니 디 비치 데 메디치(1360-1429)

이탈리아 피렌체의 후발 은행업자인 메디치 가문이 도약한 계기는 1412년에 체결한 교황청과의 전속 은행 계약이었고, 메디치는 프랜차이즈 제도를 처음 도입해 유럽 16개 도시에 지점을 열었다. 조반니 디 비치 데 메디치(Giovanni di bicci de' Medici)는 해적 출신의 추기경으로서 교황이 되고 싶어 하는 발다사레 코사를 만나 그를 교황(요하네스 23세)으로 만들고 교회에서 생기는 자금을 모두 본인이 관리함으로써 막대한 부를 축적하게 된다. 이 상황에서 조반니 디 비치 데 메디치는 신뢰의 구축을 강조하며 영업을 지속해갔고 곤경에 처한 로마교황 요하네스 23세를 끝까지 보살폈고 이후에는 차기 교황의 자금 관리까지 맡게 되며 유럽의 일인자로 우뚝 서게 된다.

메디치 가문은 평범한 중산층 집안에서 출발하여, 유럽 최고의 부자 가문으로, 피렌체를 통치한 대공(Grand Duke) 가문으로, 가장 많은 교황(레오 10세, 클라멘트 7세, 레오 11세)과 32명의 추기경을 배출한 막강한 종교 명문가로, 프랑스 왕비를 2명씩이나 배출하고 거의 대부분의 유럽 왕실과 사돈을 맺은 유럽 최고의 왕실 가문으로 거듭났다. 동서고금을 통틀어 상업 자본으로 출발한 정치 권력이 300년 넘게 유지된 사례는 메디치가 유일하다. 피렌체 예술가와 학자를 후원하여 르네상스 시대를 열었고, 가문의 모든 재산과 예술품을 전부 피렌체 시민들에게 기증했다. 실로 대단한 가문이 아닐 수 없다. 특히 가문의 모든 재산과 예술품을 전부 피렌체 시민에게 기증했다는 점에서 다른 여러 가문의 위대함을 넘어서는, 사회적 환원을 실천한 존경받는 가문이 된 것이다.

2) 가문의 철학

유능함을 드러내지 말고 뒤로 물러설 것, 온화하게 몸을 낮추며 언제나 대중의 시선에서 벗어나 조용히 처신할 것-이러한 유약겸하(柔弱謙下, 강자와의 경쟁을 피하고 몸을 낮춤)가 메디치 가문이 세상을 열어가는 첫 번째 신조였다.

두 번째 신조는 언제나 대중의 편에 서서 피렌체 시민들과 함께 한다는 여민동락(與民同樂)의 정신이다. 밀라노와의 전쟁 이후, 국가 부채를 해결하기 위해 지주와 명문가에 불리하게 제정된 새로운 조세 원칙에 대해 다른 부호들은 다 반대했으나, 메디치 가문 조반니 디 비치 데 메디치는 솔선수범해 세금을 납부함으로써 피렌체 시민들의 마음이 메디치 가문으로 기울기 시작하였다. 메디치 가문은 옳은 일을 하는 것(Do the right thing)을 기업 경영의 대원칙으로 삼았고, 그 옳은 일이란 언제나 대중이 진심으로 원하는 일이었다. 대중이 원하는 일이라면 손해 보는 일도 했고, 대중이 원하지 않는 일이라면 이문이 남는 일도 과감히 포기할 줄 알았던 것이다.

세 번째 신조는 '의리와 신용'이다. 한번 맺은 인연을 소홀히 하지 않고 의리와 신용으로 곤경에 빠진 고객(가짜 박사학위로 추기경을 매입하여 로마교황 요하네스 23세가 된 발다사레 코사)을 끝까지 보살폈고, 결국 최고의 고객인 교황의 주 거래처가 되었던 것이다.

독일 머크 가문(1668~현재, 352년)

1) 부의 형성 및 규모

독일 경제의 핵심은 대기업이 아닌 중소기업으로, 독일 전체

현재 머크의 기원이 된 천사약국. 프리드리히 야콥 머크가 1668년 독일 헤센주 다름슈타트에 세웠다. 지금도 운영되는 이 약국은 머크 본사에서 전차로 일곱 정거장 거리에 있다.

기업의 약 99.6%를 차지한다. 이들 중소기업들은 제2차 세계대전 이후 초토화된 독일 경제를 부흥시키는 데에 주도적인 역할을 해 왔으며 주로 첨단 제조업 중심의 사업을 펼치고 있다. 이러한 중소기업으로 출발해 지금은 독일을 넘어 전 세계 70여 개 국가에서 5만여 명의 직원이 근무하는 글로벌 선도 그룹으로 성장한 가족 기업이 바로 세계에서 가장 오랜 역사(351년)를 가진 의약 및 화학회사 머크(Merck KGaA)이다.

머크는 1668년 프리드리히 야콥 머크가 다름슈타트에 세운 약국(Engel Apotheke, 천사약국)에서 시작했다. 1827년 하인리히 엠마뉴엘 머크는 이 약국을 키워 대규모 생산설비를 갖춘 제약·화학 회사로 탈바꿈시켰다. 제1차 세계대전 때 미국 지사를 통째로 미국 정부에 빼앗기는 아픔을 겪었지만, 2017년 매출 153억 유로(약 19조 8,200억 원)를 기록했다. 대공황 이후 최악의 경제 위기 동안에도 머크의 매출은 계속 성장했다. 더 놀라운 점은 이 회사를 머크 가문이 무려 13대째 소유하고 있다는 점이다. 머크는 2009년 스위스 IMD(국제경영개발연구원)가 주는 글로벌 가족 기업상을 받기도 했다.

2) 가문의 철학

세계에서 가장 모범적인 지배 구조로 이루어진 '가족 기업'인 머크가 내세우는 오랜 철학(Merck Way)은 다음과 같다.

지속(sustain) 현지 기업가 정신, 엄격한 고객 중심, 직원에 대한 충실한 가치를 지속하는 것. 지속 가능성을 높이는 양손잡이 조직 문화, 즉 의약·화학 두 분야 사업, 전통·혁신, 글로벌 경영·현지 기업가 정신의 조화 추구, 가족 소유 기업·증시에 상장된 기업이라는 이중성과 더불어, "기업의 성공은 사람과 더불어 시작된다"라는 경영 신조로, 1853년 머크 고용 계약서에는 20년 넘게 일하면 소액연금을 주며, 종업원의 과실이 없으면 병을 앓거나 다쳤을 때도 급여를 주는 것을 고용주의 의무로 규정하고 있다.

독일 헤센주 다름슈타트에 위치하고 있는 머크 본사의 입구. 출입구가 푸른 색 유리창이
여러 개 달린 피라미드 모양이라 '블루 피라미드'라고도 불린다.

변화(change)　글로벌 차원에서 사업을 확대하고, 고객의 요
구에 유연하게 대응하며, 현재와 미래의 조직에 맞도록 절차와
구조를 현대화하는 것. 오늘날 의약과 화학 분야에서 가장 연구
집약적인 글로벌 기업으로 매년 혁신 활동에 10억 유로 이상을
투자했으며, 1904년 당시에는 별로 쓸모가 없었던 액정의 성질
에 대해 연구를 시작하여, 1990년대 중·후반 액정 분야 선두주
자가 되었다.

　세전 이익의 1% 이상을 '기업의 사회적 책임(CSR)' 프로젝트
에 투자하고 있으며, 1920년부터 소유와 경영 분리, 주식합자회
사라는 독특한 기업 시스템을 창안하여 지주회사 이머크(E.

Merck KG)가 운영회사 머크의 주식 70%를 소유하되, 외부 영입 전문경영인은 그 규모가 1억 유로를 넘지 않는 한 머크가 사람들 누구의 간섭도 받지 않고 재량껏 결정할 수 있도록 하였다.

성장(Grow)　혁신, 시장의 선택과 집중, 기업 인수를 통해 성장의 기회를 추구하는 것. 스위스의 세르노를 인수하며 세계적인 바이오 기술 회사로 도약했고, 이어서 미국의 밀리포아를 인수하여 생명과학 시장을 주도하는 글로벌 기업으로 변신하고 있다. 머크는 혁신 활동에 매년 10억 유로 이상을 투자한다. 이는 머크가 생명과학 분야에서 장기간 리더십을 유지해온 비결 중 하나다.

머크 웨이는 머크의 전략과 지금까지의 행보를 '지속 · 변화 · 성장'이라는 세 단어로 요약하고 있다. 리스크를 분산한 이중적인 사업구조와 M&A를 통한 유연한 포트폴리오, 꾸준한 연구 · 개발, 지역을 기반으로 하되 글로벌을 지향하는 사업이라는, 단순하지만 신중하게 세운 철학은 국내 기업에도 시사하는 바가 크다.

3) 엄격한 교육 프로그램으로 후계자 양성

체계적인 승계 전통은 산업화 시대를 연 엠마뉴엘 머크의 시대 이후 본격화되었다. 자식들은 다른 약국이나 학교에서 도제 수업을 받게 한 뒤 어느 정도 실력이 쌓이면 담슈타트로 돌아와 경영에 참여하게 한다. 1995년 기업공개를 하면서 후계자 양성을 위한 체계적인 후세 교육을 위해 가족 전용 인트라넷을 설치하고, 가족 잡지를 발행하며, 자녀 세대를 15~20세, 20~30세 등 연령별로 구분해 회사 전반에 대해 교육하는 프로그램 운영과 세대 간 토론 모임을 진행한다. 1995년부터 지금까지 자녀 세대의 교육을 위해 머크의 사업 분야, 회계, 트레이닝, 연구, 파트너의 권리와 의무 등을 주제로 여러 차례 행사를 가졌다.

머크 가문의 자녀들이 회사에서 일할 수 있는 거의 유일한, 또 현실적인 길은 우선 다른 회사에 입사해 경력을 인정받아 임원으로 승진한 뒤 엄격한 선정 절차를 거쳐 가문의 절대적 지지를 얻고 머크에 입사하는 길뿐이다. 대주주인 머크 가의 사람이 정작 자신들의 회사에 들어가는 길은 일반인보다 훨씬 더 좁다는 이야기다.

유대인 로스차일드 가문(1760~현재, 260년)

1) 재산의 형성 및 규모

가문을 일으킨 마이어 암셀 로스차일드(Mayer Amschel Rothschild, 1744~1812)는 독일 프랑크푸르트에서 고리대금업

을 시작으로 은행을 만들고, 유럽 5
개국(프랑크푸르트, 빈, 런던, 나폴
리, 파리)에 지점을 세워 다섯 아들
을 지점장으로 보내면서 번성하기
시작했으며, 나폴레옹 전쟁과 제1,
2차 세계대전을 거치면서 어마어마
한 부를 축적했다. 가문의 재산 규

로스차일드 가문의 문장

모를 보면,『포브스』지는 파리 RCB은행의 최고 경영자인 에두아
르드 로스차일드 가의 재산만 15억 달러라고 보도했다. 일각에
서는 직계 가문이 200여 명에 달하므로 대략 3,000억 달러에서
5,000억 달러에 이르는 막대한 부를 축적해 전 세계 경제를 좌지
우지한다고 분석하기도 한다.

2) 가문의 철학

형제간 화합과 가족 결속의 전통을 중시한다   로스차일드 가가
금융황제 가문으로 오랫동안 군림할 수 있었던 첫 번째 원동력은
가족 간의 결속력이다. 지금도 로스차일드 가문의 문장(紋章)은
질끈 묶여 있는 '5개의 화살'인데, 이는 로스차일드 가의 다섯 아
들을 의미한다.

돈을 좇지 말고 먼저 좋은 인간관계를 만든다   10대 초반에 가

마이어 암셸 로스차일드(왼쪽)와 그의 다섯 아들 네탄, 살로몬, 제임스, 칼, 암스첼.

장이 된 마이어 암셸은 은행 견습생으로 근무할 때부터, "부자들과 좋은 관계를 맺어 신용을 얻게 된다면 사업이 번창할 수 있다"라고 판단하여, 동전과 메달, 조각상, 다이아몬드가 박힌 그림 등 진귀한 물품들로 광고 전단지를 만들어 부자들에게 일일이 우송했고, 이를 통하여 '빠른 정보가 부를 낳는다'라는 생각을 마음 깊이 새기며 마침내 이들과의 물품 거래를 전담하는 궁정 상인이 되었다.

돈에 대한 부정적인 생각을 갖지 않도록 가르친다 유대인들은 『탈무드(Talmud)』를 통한 조기 경제교육을 수천 년 동안 지속해 왔는데, 『탈무드』에서는 금전을 소중히 여기고, 정직하게 일하면 누구나 천국에 오를 수 있다고 가르치고 있다.

정보는 돈이라는 생각으로, 어릴 때부터 정보의 중요성을 알게 한다   250년 전 로스차일드 가는 유럽 전역에 흩어진 다섯 아들들이 국경을 넘나들며 독자적인 정보망을 구축하고, 빠르게 정보를 수집하였다. 도버 해협에 쾌속선을 여러 척 대기시켜 놓고 수집된 1급 비밀 정보를 운송함으로써, 워털루 전쟁 때 영국군 승리 분석을 영국 정부보다 먼저 할 수 있었고 이를 바탕으로 런던 주식 시장에 투자해 엄청난 수익을 올렸다.

수집하는 취미는 대대로 물려준다   로스차일드 가문은 메디치 가를 능가하는 예술품 수집가 집안으로도 유명하다. 이는 가문의 초석을 쌓은 마이어 로스차일드의 수집력에서 비롯하였는데, 유럽 전역 190여 개의 로스차일드 저택은 진귀한 예술품뿐만 아니라 고풍스러운 건물과 화려한 정원 덕분에 전 세계 관광객들의 필수 코스로 각광받고 있다.

재물에 대한 지나친 욕심을 경계한다   로스차일드 가는 돈에 대한 애착이 강했지만 그것이 지나치게 되는 것을 경계했다. 190여 채의 로스차일드 대저택은 대부분 기부하여 관광지로 개방되었고, 실제 자신들의 소유는 몇 채 되지 않는다.

아들이 아니면 사업에 관여하지 않는다 : 창업자인 마이어는 환전의 속성상 자신이 완벽하게 믿을 수 있는 사람인 아들들만 사업에 관여하도록 했고, 이때부터 아들만 사업을 할 수 있다는 로스차일드 가문의 대원칙이 세워져 지금까지도 그 전통이 이어지고 있다.

형제간의 화합을 강조한 '5개의 화살'을 잊지 않는다　마이어 로스차일드는 1812년 죽음을 앞두고 기원 전 6세기 무렵 스키타이 왕이 임종 직전 다섯 아들에게 한 '5개의 화살' 이야기를 유언으로 들려준다. "너희들이 결속해 있는 한 스키타이의 힘은 강력할 것이다. 그러나 흩어지면 스키타이의 번영은 끝나고 만다. 형제간에 화합하라." 이것은 로스차일드 집안이 이후 200년 동안 세계의 금융황제가 되게 한 가장 중요한 가르침이 된다. 아버지의 유언대로 다섯 아들은 5개의 화살이 되었지만 5개는 하나의 네트워크로 뭉쳐 마침내 로스차일드라는 한 묶음의 화살이 된 것이다.

기부와 자선의 전통을 대대로 실천한다　로스차일드 가는 자선에 열정적이어서 의료 시설과 공공주택, 고아원 등 소외 계층을 위한 자선사업을 지속하였다. 불우 이웃들을 위해 의료 부문에 많은 돈을 기부하고 공공 주택 개발 사업도 지원하였다. 또한 250년 동안 처칠, 드골 등 유럽 지도자들을 후원하였고, 이스라엘 건국 때도 예루살렘에 웅장한 대법원 건물을 지어 헌납하기도 하였다. 특히 파리에서 사업을 시작한 막내 제임스와 그의 후손

들은 파리의 문화예술인에 대한 후원자로 명성이 자자하였으며,
쇼팽과 발자크도 로스차일드 가문과 인연이 깊다.

유대인끼리는 서로 도움을 주고받으며 사업한다   유대인들의
독특한 자녀 교육 방법 중 하나는 유대인끼리는 반드시 서로 돕
고 거래를 해야 한다는 것이다. 로스차일드 가문도 유대인의 도
움으로 재산을 모았다.

스웨덴 발렌베리 가문(1856~현재, 164년)

1) 부의 형성 및 규모

발렌베리 가문의 역사는 앙
드레 오스카 발렌베리가 1856
년 스톡홀름엔스킬다 은행을
시작열면서 시작되었다. 목사
인 아버지와 부유한 상인 집
안 출신인 어머니 사이에서
막내로 태어난 그는, 어린 시
절 말썽꾸러기였고 성적이 좋
지 않아 늘 구박받으며 성장

앙드레 오스카 발렌베리(1816~1886)

했다. 해군사관학교 입학 후 동료들과 함께 한 배의 침몰사고에서 혼자만 살아남은 후 무거운 마음으로 새로운 일을 찾기 위해 미국으로 가게 된다. 2년 동안의 미국 생활에서 금융업에 눈을 뜨고 은행가로서의 미래를 설계하게 된다.

1856년 앙드레는 스웨덴 최초의 민간 은행인 스톡홀름엔스킬다 은행(현 SEB)을 건립했다. 이 은행은 스웨덴이 가난한 나라에서 부자 나라로 도약하는 데 결정적인 역할을 하게 된다. 당시에는 저축이라는 개념이 없어 은행에 큰돈이 없었기 때문에 앙드레는 국내외에서 돈을 끌어모아 기업들에 돈을 빌려주고 높은 이자를 받아 큰돈을 벌 수 있었다. 그리고 은행을 통해 재산을 모은 앙드레는 기업들을 잇달아 사들이면서 발렌베리 그룹의 토대를 마련했다.

발렌베리 가는 금융업에서 출발해 전자, 트럭, 의료 장비, 제지, 산업 공구, 베어링, 원자력, 항공기, 정보 산업에 이르는 11개 핵심 업체 100여 개의 계열사를 보유한 대기업으로 성장했다. 세계 1위 기업 5개-에릭슨(통신기기), 일렉트로룩스(가전), ABB(발전설비), 스토라엔소(제지), SKF(베어링)-가 있으며, 발렌베리 그룹은 스웨덴 주식시장 총액의 절반, 국내총생산(GDP)의 1/3을 차지하고, 전체 인구의 4.5%가 그룹에 소속되어 일할 정도로 크다.

2) 가문의 철학

해군사관학교를 졸업하고 장교로 복무하여 강인한 정신력을 기른다　창업자가 다녔던 해군사관학교에 입학하는 것은 후계자가 거쳐야 할 필수 코스이다.

명문대와 세계적인 기업에서 넓은 안목을 기른다　해군사관학교 졸업 후 세계 유명 대학에서 MBA 등의 정통 엘리트 코스를 밟고, 국제적인 금융회사에서 실전 경험을 하여 국제금융과 산업의 흐름을 파악한다.

국제적인 인맥 네트워크를 만든다　창업자의 장남인 크누트 발렌베리는 해군사관학교를 졸업한 후 파리의 크레디리요네 은행에서 근무하며 후계자로서의 자질을 쌓고, 제1차 세계대전 당시 스웨덴 외무장관을 역임하였다. 창업자의 5대손인 야콥 발렌베리는 미국 와튼 스쿨 MBA 출신으로 뉴욕의 JP모건, 런던의 함브로스 은행에서 근무한 뒤 1995년에 경영권을 승계하였으며, 창업자의 아들 마쿠스는 국제연맹 금융위원회 위원장을, 그의 아들 마쿠스 2세는 국제상공회의소 회장을 역임하였다.

대대로 내려오는 원칙을 공유하고 중시한다 : 대대로 이어져 내려오는 원칙 중 하나로서 철저하게 자회사들의 독립경영 원칙을 고수하며, 경영은 전적으로 전문 경영인이 맡도록 하였다.

스톡홀름 시청 광장의 크누트 기념 조형물

돈은 번 만큼 사회에 돌려주는 것이 당연하다 발렌베리 그룹은 매년 그룹 이익금의 85%를 법인세로 납부하고, 남는 이익금을 공익재단인 발렌베리 재단에 맡기며, 재단은 수익의 대부분을 스웨덴의 과학기술 발전을 위한 자금으로 헌납함으로써 기업의 이익을 자연스럽게 사회 전체로 되돌려 주도록 하였다.

창업자의 아들 크누트는 1917년 자신의 전 재산을 기부해 크누트 앤 앨리스 발렌베리 재단(KAW)을 설립하였는데, 이는 무려 4조 원에 이르는 규모로 노벨 재단보다도 규모가 크다. 또한 그는 스톡홀름 경제대학을 설립하고, 도서관 건립, 과학기술 분야를 후원하는 데 앞장섰으며, 특히 기초과학기술 연구를 적극 지원하여 스웨덴이 노벨상 수상자를 내는 데 크게 기여하였다.

일요일 아침마다 자녀들과 산책을 하며 함께 시간을 보낸다 매주 일요일 아침 조손(祖孫)이 함께 숲을 거닐면서 선조들의 위대한 업적을 이야기한다.

형제간에 옷을 대물림하며 검소한 생활을 몸에 익힌다 형제자

매들의 옷을 대물림해서 입는 전통을 이어가며 부자의 자손이라는 티를 조금도 내지 않았고, 집안일을 거들어 받는 용돈의 일부는 반드시 저축을 하도록 했다.

결코 튀지 않게 행동한다 "존재하지만 드러내지 않는다"라는 원칙하에 100여 개의 회사들 중 발렌베리라는 이름이 들어간 기업은 하나도 없게 하였고 통일된 그룹 로고조차 없다.

할아버지가 손자의 스승이 되어 지혜를 전한다(격대 교육) 사업 감각을 기를 수 있도록 할아버지가 손자를 직접 교육하였으며, 손님이 오면 아이들도 참석하여 손님들과 주고받는 대화를 통해 자연스럽게 세상 사는 지혜를 익히도록 하였다.

후계자가 되려면 먼저 애국심을 갖춰야 한다 애국심 없이 버는 돈은 목적지 없이 항해하는 배와 같다고 가르쳤으며, 회사가 경영자의 사유물이 아니라 국가를 위해 존재한다는 의식이 강하다.

미국 록펠러 가문(1863~현재, 157년)

1) 부의 형성 및 규모

존 데이비슨 록펠러는 미국 자본주의를 대표하는 록펠러 가문

존 데이비슨 록펠러(1839~1937)

을 일으킨 사람이다. 그는 1839년 뉴욕 북부 리치포드의 평범한 집안에서 태어났다. 1859년 친구와 함께 상사회사(商事會社)를 설립하고, 1863년 부업으로 클리블랜드에 정유소를 설립한 것이 번창하여, 1870년 자본금 100만 달러의 주식회사 형태를 갖춘 오하이오 스탠더드 석유회사를 설립하였다. 이 회사에 록펠러가 사장으로 취임하면서 석유 운송과 정유 사업 확장 과정에서 모든 '더러운' 수단이 동원됐다. 비밀 카르텔 형성과 수송업계의 리베이트 제공, 정치권 매수, 경쟁업체 협박 등을 통해 1881년 미국에서 생산되는 석유의 95%를 독점하여 정유업을 장악함으로써 스탠더드 트러스트를 탄생시킨다.

이를 통해, 루스벨트 대통령이 "그 부를 가지고 얼마나 많은 선행을 하든지 간에 그 부를 쌓으며 저지른 악행을 보상할 수는 없다"라고 말할 정도로 엄청난 '검은 돈'을 모았다. 1998년 《포브스》지의 기사에 의하면, 그는 미국 역사상 최고의 부자로서 당시 미국 경제 전체의 1.53%를 차지했다고 한다. 이는 현재 세계 최고 부자인 빌게이츠가 차지한 0.56%의 3배에 이르는 규모이다.

 12대를 이어온 나눔과 상생의 실천 가문

2) 가문의 철학

프로테스탄트의 윤리(Protestant Ethic)　막스 베버(M. Weber)는, "현대 부르주아적 자본주의는 프로테스탄트의 소명 사상 및 금욕정신과 밀접히 관련이 있다. 즉 프로테스탄트 교도들은 금욕의 윤리를 잘 지킴으로써 구원받을 수 있다는 동기에서 자본을 축적하여 현대 부르주아적 자본주의를 발전시켰다"라고 주장했다. 록펠러는 비즈니스에서는 냉혹했지만 막스 베버의 주장처럼 사생활에서는 근검절약과 성실의 화신이었다. 평생 일기를 쓰듯 개인 회계장부를 썼고, 독실한 기독교 신자로서 '수입의 10분의 1 헌금' 원칙을 고수하였으며, 술·담배·여자를 멀리하는 금욕적 삶을 살았다. 특히 외아들 존 데이빗슨 2세는 침례교 특유의 철저한 금욕주의자로 성장하였는데, 대학 2학년 때까지 춤추는 것이 도덕적인지를 심각하게 고민하기도 하였고, 40대까지 아버지에게서 용돈을 받아썼다고 한다.

원칙주의, 질서, 회계장부를 꼼꼼히 맞추는 일　록펠러의 어린 시절의 유일한 유물은 일기처럼 작성한 '회계장부 A'뿐이었는데, 이 평범한 노트를 사회생활을 시작한 이래 한 번도 손에서 떼지 않고 하루도 빼놓지 않고 수입·지출금, 저축·투자금, 사업·자선금의 내역을 작성하였다. 개인회계장부 작성은 집안의 전통이 되어 2, 3세들은 용돈을 얻기 위해서는 집안일을 도와야만 했고,

1914년 중국 의료위원회가 결성되었을 때 록펠러 재단은 이 의료재단을 지원했다. 1947년 북경대학교 의료대학 졸업식 사진(위). 최초의 록펠러 재단 로고(아래).

아버지나 할아버지가 쓰던 '회계장부 A'의 복사판이라 할 만한 각자의 회계장부를 작성해야만 했다.

부의 사회 환원　1981년, 프레데릭 게이츠 목사가 록펠러의 자선사업 총책임자가 되면서 조직화된 '과학적 기부'를 하였다. 그는 1억 달러의 출연금으로 록펠러 재단을 설립하여, 미국 최초의 의학 연구소인 록펠러 의학 연구소와 교육사업 등에 3억 5,000만 달러를 기부하였고, 뉴욕시 수돗물 정수시설과 운영비용을 전액 부담하는 등 록펠러를 자비로운 자선사업가의 모습으로 대중에게 부각시켰다.

록펠러 2세는 자선사업, 의료사업, 교육사업, 문화사업 등에 5억 달러(그가 물려받은 재산과 같은 규모)를 출연하였는데, 뉴욕 시내에 UN 건립 부지 무상 기증, 콜로니얼 윌리엄스버그나 베르사이유 궁전 같은 문화 유적을 복원·보전, 옐로스톤을 비롯한 각지의 명승지를 국립공원으로 조성, 제3세계의 위생 상태를 개선, 소외되어 있던 흑인과 여성 교육을 진흥하는 등 다방면으로 대규모의 자선사업을 벌였다.

5명의 손자(록펠러 3세)는 록펠러 2세가 구축해 놓은 네트워크를 발판으로 미국 정·재계를 장악하였다. 형 록펠러 3세를 제치고 '패밀리'의 적통을 물려받은 차남 넬슨은 대통령보좌관, 뉴욕 주지사 4선, 부통령을 역임하며 백악관 행을 꿈꾸기도 하여 공화당 대통령 후보 경선에 3번 도전하였으나 실패하였다. 3남 로렌스는 항공업과 원자력 사업, 초기 환경운동의 중심적 인물이 되었고, 4남 윈스롭은 아칸소 주지사, 막내 데이비드는 체이스맨해튼 은행의 지배자로서 세계무역센터 건설에 참여하였다. 그러나 '공화당의 케네디'가 되었을지도 모를 넬슨은 그 진보성 때문에 좌절하였고, 다른 형제들도 바뀌어 가는 시대 변화에 적응하지 못한 채 역사의 뒤로 밀려나고 말았다.

　제3세가 몰락한 후 21명의 증손자는 진보의 물결 속에 수난을
당하면서 록펠러 가문의 일원임을 오히려 낙인처럼 껴안고 살아
갔다. 오늘날 록뻴러 4세(제이 록펠러)처럼 상원의원을 지내거
나 기업인으로 명맥을 유지하는 이도 있으나, 그들은 개인일 뿐
이며 가문의 재력과 네트워크에 바탕을 두고 있지는 않다.

부에 대한 우리의 인식

조선 왕조 500여 년의 기간 동안 우리의 정신세계를 지배해 온 것은 유교이다. 뿌리 깊은 유교의 전통 속에서, 선비를 존중하고 상인을 천시하는 사농공상(士農工商)의 위계는 부자에 대한 왜곡된 인식을 심어주었고, 이런 이데올로기 교육은 초등학교 시절부터 우리의 생각과 행동을 암암리에 통제하게 되었다. '황금을 보기를 돌같이 하라 이르신 아버지 뜻을 받들고…' 하는 동요나, 가난하지만 착한 사람이 횡재하는 소설 『흥부전』, 길에서 주운 황금 덩어리를 물속에 던진 우애 좋은 형제의 동화들은 자연스럽게 부를 부정적으로 보게 만들었다.

어린 시절부터 경제를 멀리하는 태도는 상급학교 진학 후에도 이어져 2020 수능에서 사회탐구를 선택한 학생 25만여 명 중에서 윤리 선택자 58.5%, 사회·문화 선택자 55.4%에 비해 경제 과목 선택자는 사회탐구 9과목 중에서 가장 적은 비율인

2.3%(5,661명)에 불과하여 자본주의 시대에 가장 필요한 과목인 '경제'를 극혐하는 기이한 현상을 만들었다.

1950년 한국전쟁 이후 세계에서 가장 가난한 나라였던 대한민국이 세계사에 유례 없는 급성장을 이루고 무역 대국으로 성장한 것은, 가족을 위해 허리띠를 졸라매고 안 먹고 안 입고 저축하면서 밤을 낮 삼아 열심히 일한 결과로서 세계인의 부러움과 찬사를 받았다. 하지만 1997년 IMF 외환위기를 겪으면서 그토록 공들여 만든 회사와 공장에서 만든 부(富)를 외국의 투기자본에 그저 갖다 바치다시피 빼앗겨 버리고 만 것은, 경제를 살려야 한다고 그토록 주장하던 위정자들이 경제를 너무도 몰랐기 때문이란 분석이 지배적이다.

이미 오래전부터 글로벌화된 세계 경제는 이전처럼 그저 열심히 일한다고 해서 경제 문제를 해결할 수는 없다. 인공지능 프로그램을 만드는 직원 몇몇이 앉아서 세계 경제를 쥐락펴락 하는 것이 이 시대의 경제이고 금융이며, 국가 간, 기업 간, 개인 간의 빈부 격차는 이전에 상상할 수 없을 정도의 크기로 커져가고 있다. IMF 외환위기와 같은 위기의 순간이 언제 또다시 우리에게 닥쳐올지 모르는 불안한 순간들이 수없이 우리 곁을 맴돌고 있다.

이런 상황에서 우리의 현실을 보면 날이 갈수록 일자리를 잃어

가는 우리의 젊은이들과 경제 강국의 틈바구니에서 경기 침체로 인한 불안감으로 대한민국의 앞날이 심히 걱정스럽기만 하다. 미국의 세계 지배전략으로 만들어진 신자유주의는 우리나라의 중요 공기업을 민영화하도록 압박하여 외국인의 주식 소유를 허용하였고, 외국인 지분 7%의 상한선을 무너뜨려, 우리나라의 알짜 기업 대부분은 외국인 주식 지분이 50%가 넘으며, 심지어 대한민국 최고의 기업인 삼성전자 주식의 외국인 지분율은 60%를 육박하고 있다. 이런 현실 속에서, 제법 공부깨나 하여 우리 사회의 엘리트층이라 할 수 있는 젊은 부모들도, 누가 자녀에게 용돈이라고 주면 "우리 애는 돈 몰라요" 아니면 "애야, 이 돈은 엄마가 가지고 있다가 나중에 크면 줄게" "너는 주식은 절대로 하면 안 돼!" 하는 경제 바보의 구태(舊態)를 답습하고 있는 현실이다.

유대인의 영향력

유대인의 자녀 교육은 매우 독특하여 나라 없이 2,000년을 떠돌아 다녔지만 그들만의 철학과 교육으로 삶의 여러 방면에서 두각을 나타내고 있다. 언론, 금융, 정보 통신, 문화, 예술, 정치, 학문 등에서 쟁쟁한 인물들을 배출하고 있으며, 특히 경제 부분에서는 타의 추종을 불허하는 영향력을 행사하고 있다. 전 세계 인구의 0.2%(약 1,500만 명)에 불과한 유대인이 노벨상의 22% 정

유대인들이 경영을 맡고 있거나 설립한 회사들

도를 차지하였고, 특히 경제학상 수상자는 40% 가까이 된다.

미국 인구의 2% 정도인 미국 내 유대인이 미국 전체 GDP의 20% 가까이를 차지하고 있으며, 세대당 소득은 미국 전체 평균의 2배가 넘고, 미국 최상위 부자 400 가구의 23%, 세계 100대 기업 소유주의 30~40%, 세계 보석류 거래의 80%를 확보하고 있는 맨해튼 가의 상가 90% 이상이 유대인의 소유라고 한다. 세계적 기업인 골드만삭스, 찰스 슈왑, 보잉, 인텔, GM, IBM 등도 유대인 패밀리가 경영하고 있다.

경제계 외에 언론이나 정치, 문화·예술, 영화, 심지어 스포츠 분야까지도 유대인이 다 잡고 있다. 《AP통신》, 《뉴욕타임스》,

《워싱턴포스트》,《CBS》,《월스트리트 저널》과 같은 대표적인 언론사의 경영자, 미국 국방부와 국무부의 요직도 유대인이 차지하고 있으며, 대부분의 미국 영화사들도 유대인이 세웠다. 그 외에도 스티븐 스필버그, 마크 저커버그, 마이클 샌델, 로스차일드, 조지 소로스, 워렌 버핏 등 각 분야 최고의 유명인들도 헤아릴 수 없이 많이 있다.

그들은 미국뿐 아니라 전 세계에 분포된 유대인들 간에도 그들만의 강력한 네트워크로 단합하여 도움을 주고 있으며, 이런 경제력을 바탕으로 눈에 보이지 않게 세계 경제를 좌지우지하고 있는 것이다. 사실 여부를 떠나서 세계 경제와 자본의 흐름을 유대인이 배후에서 장악하고 지배한다는 '유대인 배후자본설'까지 나돌고 있는 상황을 보면 실로 그 영향력은 막대하다는 것을 미루어 짐작할 수 있다.

유대인의 경제 교육

유대인들이 2,000년 고난의 시기를 거치고 현대에 와서 이처럼 두각을 나타내는 데는 그들의 뿌리 깊은 선민사상에서 만들어진 자기 신뢰와 자신감, 고난을 극복하는 인내심, 불굴의 정신도 있겠지만, 무엇보다도 자녀 교육, 특히 경제 교육에서 남다른 장점이 있기 때문일 것이다.

유대인 아이들의 성인식 '바르 미쯔바' 광경

　유대인들의 경제 교육은 어릴 때부터 시작된다. 소위 조기교육이지만 우리나라처럼 경쟁에서 이기기 위한 불공정한 조기교육이 아니라, 어릴 때부터 경제관념을 체화하여 건강한 경제 시민으로 만들기 위한 조기교육이다. 바둑 전문가들은 바둑 공부를 얼마나 했느냐보다 얼마나 어릴 때 바둑 공부를 시작했느냐가 고수가 되는 중요한 요인이라고 한다. 같은 원리로서, 어릴 때부터 현실의 삶 속에서 경제를 배운 유대인들의 경제적 감각과 철학은 다른 민족이나 국민이 따라잡기 힘든 강점이 분명이 존재할 것이다.

　유대인의 아이들은 13세(여자는 12세)가 되면 '바르 미쯔바 (Bar Mitzvah)'라고 하는 성인식을 하는데, 일평생 결혼과 더불어 가장 중요한 행사로 여겨진다. 이때 성인식에 참여하는 사람들 대부분이 현금으로 부조를 하고, 특히 조부모나 부모는 유산을 물려준다는 생각으로 상당한 액수의 돈을 주기도 해서, 평균 우리 돈 5,000만 원 가량이 들어온다고 한다. 이 돈은 자기 책임하에 저축을 하거나 주식·채권 등에 투자하여 대학을 졸업할 무렵이면 2배 정도로 불어나서, 사회에 진출하여 경제생활을 할 수 있는 종잣돈(seed money)이 된다. 우리나라의 많은 청년들이 학자금 빚을 안고 대학을 졸업하여 수년 간 취업을 위한 고시생으로 살아가는 것과 비교하면 그 출발점에서부터 엄청난 차이가 발생하는 것이다.

　유대인의 경제 교육은 선대로부터 조부모, 부모로 이어져 오는 전통이다. 따라서 부모는 인내심과 절제, 책임감, 절약과 근면, 자선 등의 모든 면에서 솔선수범을 하는 것이 전제되어야 한다. 동시에 자녀가 건전한 생산자와 소비자가 될 수 있도록 끊임없이 교육을 한다. 간혹 우리가 생각하기에 어린아이에게 좀 과한 가르침이 아닌가 하는 것도 반복해서 가르쳐서 이해하도록 한다. 그 가르침의 내용을 간추려 보면 다음과 같다.

의미 있는 삶―자선을 위한 기부　유대인들이 『토라(Torah)』

'쩨다카' 박스에 동전을 넣는 소녀

(유대교의 율법서, 모세 오경 또는 구약성경을 가리킴)나 『탈무드』에서 말하는 삶의 가장 큰 의미는 '내가 존재함으로 인해 이 세상을 이전보다 나은 곳으로 만드는 것'이라고 한다. 이는 우리의 '홍익인간'과 같은 개념으로 이해할 수 있다.

이들의 경제 교육은 돈을 벌기 위한 것이 아니라 자녀를 책임 있는 인간을 만들기 위한 것이고, 따라서 돈을 버는 제1의 목적이 자선을 베풀기 위한 것이라고 가르친다. 유대인들은 자녀가 하루에 한 가지 이상의 선(善)을 실천하도록 가르치기 위해 '쩨다카(tzedakah, 의무적 자선)'라는 박스를 만들어 놓고 매일 동전을 넣도록 한다. 그렇게 모아진 돈은 이웃을 위해서, 국가나 민족을 위해서 공익재단 등에 기부한다. 미국 사회에서 유대인들이 존경받는 이유는 많은 기금의 주된 기부자가 그들이기 때문이다.

정직과 정의 『탈무드』에 보면 인간이 죽어서 하늘의 심판을 받을 때 첫 번째 받는 질문이 '세상에 살면서 정직하게 거래했는가?'라고 한다. 그래서 유대인 부모들은 자녀에게 돈을 벌 때 도둑질을 하지 말라고 가르친다. 도둑질은 남의 재산이나 생명을 빼앗는 것도 있겠지만, 일상생활에서 일어나는 작은 일에도 적용이 된다. 즉 공부를 하지 않고서 좋은 성적을 바라는 것은 성실성을 도둑질하는 것이고, 약속을 지키지 않아 남의 시간을 낭비하게 하는 것은 시간을 도둑질하는 것이다. 직장에서 일을 제대로 하지 않으면서 임금을 받는 것이나 일을 시키고도 임금을 제때에 주지 않는 것도 다 도둑질이다. 물론 인간이 이런 모든 일에서 완벽하게 정직하기는 힘들겠지만 조금이라도 더 정의를 실천하며 사는 것이 이 세상을 좀 더 나은 곳으로 만들 수 있다는 것을 가르친다.

선한 목적을 위한 수단으로서의 돈　돈은 삶의 목적 달성을 위해 소중히 여겨야 하는 하나의 수단이므로 깨끗한 돈과 더러운 돈의 구별은 없다고 가르친다. 쓰레기를 치우고 굴뚝을 청소하는 궂은일이나 유흥업이나 대부업과 같은 사업을 통해 돈을 벌었어도 그 돈의 소중함은 고상하고 깨끗한 일을 해서 번 것과 같다고 여긴다. 단 돈을 버는 방법이 정직해야 하고 그 돈을 어떻게 쓰느냐가 관건이다. 따라서 유대인에게는, 돈을 부정적으로 보고 아이에게서 돈을 멀리하도록 하면서도 정작 자신은 돈을 많이 벌려고 하는 우리의 이중적 태도에서 오는 모순이 없다.

합리적이고 현실적인 돈 관리　어릴 때부터 돈을 관리하는 방법을 가르치기 위해 용돈 교육을 한다. 아이의 행위에 대한 보상으로 용돈을 주는 것이 아니라, 용돈의 관리를 통해 자녀가 자라서 독립적인 경제생활을 할 수 있도록 준비시키는 것이다. 비록 적은 돈이지만 수입과 지출에 대한 계획을 세우도록 하고 이를 위해서 용돈 기입장을 쓰거나 메모를 하도록 가르친다. 아이들에게 심부름을 하거나 집안일을 도울 때마다 용돈을 주면, 자신이 당연히 해야 할 일에도 용돈을 요구하기 때문에 바람직하지 않다는 주장도 있지만, 유대인의 부모들은 아이가 왜 그 일을 해야 하는지, 그 보상으로서 용돈이 어떤 의미가 있는지, 그 돈을 어떻게 사용해야 하는지를 반복적으로 가르치고 이해시킴으로써 합리적이고 현실적인 경제관념을 갖게 한다.

계약과 협상의 중요성　유대인의 아이들이 성인식을 할 때 『토라』와 시계, 현금을 준다. 유대교는 계약의 종교로서 『토라』는 신과 인간 간의 약속이고 그 약속은 인간과 인간 사이에도 똑같이 적용되어야 한다고 가르친다. 또 시계를 주는 것은 시간을 지키도록 하는 의미가 있다. 공부하기와 놀기에서부터 집안일을 하는 것, 용돈의 액수와 사용처를 정하는 것들까지 유대인 부모들은 아이와 계약을 한다. 그리고 그 계약을 완성하는 과정에는 대화와 토론을 통한 협상이 이루어진다. 물건을 살 때도 흥정을 하는 방법과 원칙을 가르치는데, 가난한 사람을 배려하고 적정 가격을 논리적으로 제시하며, 흥정에서 이길 수 있는 상술을 가르친다. 유대인이 협상을 잘하는 이유가 어릴 때부터 이런 교육을 받기 때문일 것이다.

공동체 의식과 공공선의 실천 아이가 3~4세가 되어 어느 정도 판단력이 생기면 사물의 소유 개념을 가르친다. 나의 것과 너의 것, 우리의 것을 구분하도록 하여 남의 것을 함부로 손대지 않고 나의 것을 소중히 여기도록 한다. 나와 남이 함께하는 공공의 물건에 대해서는 나로 인해 타인이 불편이나 피해를 입지 않도록 함으로써 공중도덕과 기본예절을 익히게 한다. 이렇게 '우리'에 대한 공공의 개념을 체득하게 함으로써 이웃이나 민족에 대한 공동체 의식을 강화한다. 돈을 벌 때도 혼자 하기보다는 공동체적인 힘을 모으도록 강조한다. 유대인들이 모여 사는 곳에서 그들 간에 지나친 경쟁을 피하고 상생을 도모하기 위해 일종의 카르텔을 형성하는 것도 이런 교육의 결과라 할 수 있다.

노동의 소중함 유대인 아이들에게 가장 중요한 교육은 『토라』와 『탈무드』를 배우는 것이고, 그 다음은 그것을 지속할 수 있도록 돈을 버는 것이다. 그것을 위해 공부를 하고 사업을 하기도 하지만 최악의 상황을 대비해서 육체적인 노동으로 먹고 살 수 있는 기술을 한 가지 반

유대인들의 경전 『토라』

드시 배우도록 하고 있다. 이 과정을 통해서 노동의 소중한 가치를 배우고 그런 수고로움으로 얻어지는 돈의 가치를 깨닫게 하는 것이다. 『탈무드』에서 '아이에게 기술을 가르치지 않는 것은 도둑질을 가르치는 것과 같다'라고 말한 것도 같은 의미라 할 수 있다.

노블레스 오블리주

노블레스 오블리주의 의미

'노블레스 오블리주(Noblesse Oblige)'는 프랑스어로 높은 사회적 신분에 상응하는 도덕적 의무를 뜻하는 말이다. 노블레스는 원래 '고귀한 신분(귀족)'이란 뜻이고, 오블리주는 동사로 '책임이 있다'라는 의미이다. 고대 그리스와 로마 및 중세의 귀족들은 신분에 따르는 여러 가지 특권을 누릴 수 있었는데, '노블레스 오블리주'란 본래 그러한 특권을 향유하는 것에 상응하는 도덕적 임무를 다해야 한다는 뜻이 담겨 있는 용어이다. 그러나 시대가 변하면서 귀족이라는 사회적 신분은 사라지거나 유명무실해졌고, 오늘날에는 보다 포괄적인 의미의 사회지도층이 그 자리를 대신 메우고 있다. 따라서 지금의 노블레스 오블리주란 '사회지도층의 책무' 즉, 부나 권력 또는 명예를 갖고 있는 지도층의 사회적 지위에 상응하는 도덕적 책임과 의무를 의미하는 용어가 된 것이다. 한편 사회적 지위에 상응하는 도덕적 책임과 의무를 다하지 않는 것을 의미하는 말은 노블레스 말라드(Noblesse Malade)이다.

노블레스 오블리주의 유래

　노블레스 오블리주의 유래에 대해서는 다양한 의견과 주장이 존재한다. 시오노 나나미의 『로마인 이야기』에 의하면 로마 천 년을 지탱해준 철학은 바로 '노블레스 오블리주(Noblesse Oblige)'였다고 한다. 로마의 귀족들은 전쟁이 일어나면 자기들이 먼저 솔선수범하여 전장의 선봉에 서서 용감하게 싸우면서 피를 흘리고, 공중(公衆)을 위해 자기의 금쪽같은 재산을 사회에 환원했다. 일례로 한니발의 카르타고와 벌인 16년간의 제2차 포에니전쟁 중에 최고 지도자인 콘술(집정관)의 전사자 수만 해도 13명에 이르렀다고 한다. 로마 건국 이후 500년 동안 원로원에서 귀족이 차지하는 비율이 15분의 1로 급격히 줄어든 것도 계속되는 전투 속에서 귀족들이 많이 희생되었기 때문인 것으로 알려져 있다. 한 전투에서 전체의 3분의 1이 죽은 적도 있었다고 한다. 로마의 귀족들은 이처럼 노예와 귀족의 차이를 사회적 책임 이행 능력에서 찾았다.

세계의 사례들

1) 프랑스

　14세기 백년전쟁 당시 프랑스의 도시 '칼레(Calais)'는 영국군

로댕의 조각상 '칼레의 시민들'

에게 포위당한다. 칼레는 영국의 거센 공격을 막아내지만, 더 이상 원병을 기대할 수 없어 결국 항복을 하게 되고, 영국 왕 에드워드 3세에게 자비를 구하는 항복 사절단이 파견된다. 그러나 점령자는 "모든 시민의 생명을 보장하는 조건으로 도시의 대표 6명이 목을 매는 처형을 받아야 한다"라고 말한다. 칼레 시민들은 혼란에 처했고 누가 처형당해야 하는지를 논의했다. 모두가 머뭇거리는 상황에서 칼레 시에서 가장 부자인 외스타슈 드 생 피에르(Eustache de Saint Pierre)가 처형을 자청하였고 이어서 시장, 상인, 법률가 등의 귀족들도 처형에 동참한다. 그들은 처형을 받기 위해 교수대에 모였다. 그러나 임신한 왕비의 간청을 들은 영국 왕 에드워드 3세는 죽음을 자처했던 시민 6명의 희생정신에 감복하여 그들을 살려주게 된다. 이 이야기는 역사가에 의해 기록되고 높은 신분에 따른 도덕적 의무인 '노블레스 오블리주'의 상징이 된다.

2) 영국

영국 왕실 및 왕실에 속한 귀족들의 자녀들은 영국 병역법과 왕실 내부 규율에 따라 장교의 신분으로 반드시 군복무를 마쳐야 되는데, 이는 영국의 대표적인 노블레스 오블리주에 해당된다. 엘리자베스 2세는 1945년 여자 국방군의 구호품 전달 서비스 부

영국의 명문 사립학교 이튼 칼리지는 노블레스 오블리주의 실천으로 유명하다.

서에서 군복무를 했고, 포클랜드 전쟁에서는 앤드루 왕자가 헬리
콥터 조종사로 참전하였으며, 찰스 왕세자의 둘째 아들 해리 왕
자는 아프가니스탄에서 군복무를 하였다. 제1, 2차 세계대전 중
에는 영국 지도층 자녀들이 수천 명이나 전쟁터로 나가 목숨을
잃었다. 희생자들 가운데는 대표적인 명문 사립학교인 이튼 칼
리지의 졸업생이 2,000여 명이나 되었는데 고위층과 귀족의 자
제들이 대부분이었다.

3) 미국의 기부문화

로마 시대에 이어 유럽 각국에서 계승된 노블레스 오블리주의
전통은 신흥국가인 미국으로 건너와 새로운 모습으로 자리를 잡
게 된다. 처음부터 봉건적 계급제도 없이 만인이 평등한 민주국
가로 시작한 미국에는 유럽과 같은 귀족계급이 없었다. 따라서
미국의 노블레스 오블리주는 특정계급인 귀족의 책무가 아니라
모든 시민의 책무로 형성되었다. 또 미국에서 찬란한 자본주의
의 역사가 꽃을 피우게 되면서 노블레스 오블리주의 자리에는 자
연스럽게 기업가들이 들어서게 된다.

앤드류 카네기 이후 록펠러, 포드, 그리고 빌 게이츠와 워렌 버
핏에 이르기까지, 수많은 미국의 부자들은 사업을 통해 쌓은 부
를 사회에 환원하는 데 경쟁적이다. 지금까지 무려 300억 달러

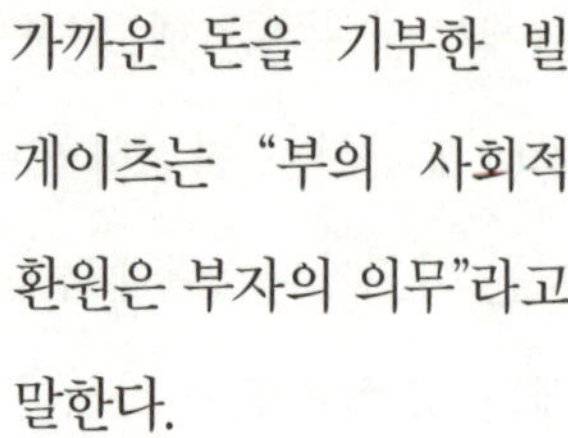

빌 게이츠   마크 저커버그

워렌 버핏   팀 쿡

가까운 돈을 기부한 빌 게이츠는 "부의 사회적 환원은 부자의 의무"라고 말한다.

미국 부자들의 이러한 선행은 그들만의 잔치로 끝나는 것이 아니라 사회 전반에 영향을 미쳐, 이제 미국인들은 기부를 생활의 한 부분으로 받아들이고 있다.

전체 미국인들의 98%가 어떤 형태로든지 기부에 참여하고 있으며, 소액 기부자들의 기부가 총 기부액의 77%에 이르고 있고 그들의 연평균 기부 액수가 우리 돈으로 140만 원을 상회한다는 최근의 통계가 그러한 사실을 말해주고 있다. 카네기 이후 1세기 동안 이어져온 기부의 전통이 부자들의 미덕이자 미국의 힘으로 자리 잡은 것이다. 특히 워렌 버핏은 2006년 6월, 빌 게이츠 재단에 310억 달러와 기타 5개 재단에 60억 달러를 기부함으로써 세계의 이목을 집중시킨 바 있다. 부인과 자식들 명의의 재단이 여럿 있음에도 불구하고 '믿음이 가고, 자신보다 운영을 잘할 것'이라는 이유만으로, 친구라고는 하지만 남인 빌 게이츠의 재단에 선뜻 쾌척한 것이다. 참으로 '투자의 귀재'요, '오마하(워렌 버핏의 고향)의 현인'다운 발상이 아닐 수 없다.

한국의 노블레스 오블리주

우리에게도 노블레스 오블리주의 정신은 면면이 이어져 왔었다. 경주 최부잣집은 무려 300년 이상 1만 석의 재산을 유지하며 많은 선행과 독립운동의 후원자 역할을 통하여 부자로서는 드물게 존경과 칭송을 받았다. 최씨 집안은 권력을 멀리하고 일정 규모 이상의 재산은 사회에 환원하였으며, 어려운 사람들의 마음을 아프게 하지 않았고, 검소하게 살며 자선을 베풀었던 것이다. 그러면서도 그들은 항일 독립운동과 교육사업에 전 재산을 바치는 것으로 기나긴 부의 세습을 마무리했다.

또한 독립운동의 선구자였던 왕산 허위(許蔿)의 집안은 대대로 유학을 숭상하던 이름 높은 학자 집안이었는데, 왕산은 의병을 일으키고 지속적으로 유격전을 벌이다가 기어이 일경에게 체포되어 사형되고 만다.

모든 재산을 바쳐 신흥무관학교를 설립하여 독립군을 양성한 독립운동가 이회영 6형제, 정조 때 흉년에 따른 기근으로 식량난에 허덕이던 제주도 사람들에게 전 재산으로 쌀을 사서 나누어 준 거상 김만덕, 유한양행의 설립자 유일한, 공무원이었다가 미래산업을 세우고 한국과학기술원에 거액을 기부한 정문술, 교육재단을 세워 인재 양성에 힘쓰고 있는 삼영화학을 세운 이종환 등이 한국의 노블레스 오블리주를 대표하는 인물들이다.

노블레스 오블리주는 단지 가진 자가 못 가진 자에게 베풀어야 한다는 도덕적 의무만을 뜻하는 것은 아니다. 노블레스 오블리주는 이뿐만 아니라 그것을 행하는 사람들 자신을 위한 것이며, 그것을 통하여 그들의 삶의 질을 더 높이고 삶의 의미를 찾기 위한 것이기도 하다.

『채근담(菜根譚)』에 '천부일인 이제중인지곤(天富一人 以濟衆人之困, 하늘이 한 사람의 부자를 낸 것은 여러 사람의 곤궁을 구제하려 함이라)'라는 말이 있다. 또 '적선지가필유여경(積善之家 必有餘慶, 좋은 일을 많이 한 집에는 반드시 경사가 있다)'이라는 말도 있다. 이는 요즘의 민법이나 형법보다도 훨씬 강력한 윤리적 기제이고, 동시에 사회를 건강하고 아름답게 이끄는 철학이다. 이 정신이 바로 노블레스 오블리주로 가는 길이다.

 12대를 이어온 나눔과 상생의 실천 가문

2장 | 경주최부잣집의 부(富)

충의로 일으킨 명부의 가문

부의 형성 과정

부의 유지 비결

부자정신의 실천 : 나눔과 베풂

최부자정신의 현대적 의미

경주최부자 가문의 기틀을 마련한
정무공(貞武公) 최진립(崔震立, 1568~1636)

충의로 일으킨 명부의 가문

최진립의 생애

경주최부잣집 가문 12대라 함은 정무공(貞武公) 최진립(崔震立, 1568~1636)에서 시작하여 문파(汶坡) 최준(崔浚, 1884~1970)까지를 말한다. 경주 최씨 시조 최치원의 17세 손인 최진립은 임진·정유 양란 때 창의, 참전하여 많은 공을 세웠고, 병자호란 때는 노구를 이끌고 전장에 나가 목숨을 바친 충의지인으로 당대 최고의 청백리로 손꼽혔으며, 그의 순절은 충의 및 청백리 가문으로서의 위상을 정립하는 결정적 계기가 되었다.

최진립의 자는 사건(士建), 호는 잠와(潛窩)이며, 최신보의 셋째 아들로 태어났다. 25세 때 임진왜란이 일어나자 의연히 붓을 던지고 판관 박의장을 따라 종군하여 큰 공을 세웠으며, 1594년에 무과에 급제하여 부장의 벼슬을 받았으나 병으로 사퇴하였다.

정유년에 왜군이 다시 침입하니 감사군(敢死軍, 죽음을 각오하

최진립 초상과 경주시 내남면 충의공원 내에 건립된 최진립 동상. 최진립 장군은 젊은 시절 임진왜란을 당해서는 의병으로, 또 나이가 들어 병자호란 때는 장수로서 양란(兩亂)에 걸쳐 참전해 공을 세운 역사상 보기 드문 인물이다.

고 싸우는 군사) 수백을 거느리고 적을 물리쳤으며, 후에 권율을 따라 종군하였다. 1607년 도총부도사에 제수되어 관직에 나아갔으며 1608년에는 마량첨사, 1611년 경상좌도 우후, 1626년 경흥부사, 1630년 전라도 수사, 공조참판 겸 부총관 등의 중요 관직에 제수되어 백성을 잘 다스려 명성과 업적이 크게 드러났다.

1636년, 충청도 공주영장으로 재임 중에 병자호란이 일어나 인조가 남한산성으로 들어가 적에게 포위당하자 충청감사 정세규가 임금을 구원하러 출병할 때 최진립의 나이가 69세이므로 출전을 만류하였으나, "임금께서 포위당하고 계신데 늙은 신하가 어찌 살기를 도모하랴" 하고 진두에 나아가니 장졸들이 경탄하고 감격하여 칭송하였다. 용인 험천에 이르러 밤중에 적군의 공격을 당하여서는 한 발도 물러섬이 없이 활을 쏘며 싸우다가 장렬하게 순국하였는데, 여러 아들들이 밤낮으로 달려와 그의 시체를 찾으니 홀로 풀에 덮여 있었는데, 몸에 수십의 창상을 입었고 화살촉이 마치 고슴도치같이 온몸에 박혀 있었다.

예조에서 공이 순국(殉國)하게 된 모든 과정을 왕에게 아뢰니, 인조가 병조판서로 증직(贈職)하고 경상감사에게 명하여 장례를 치르게 하였다. 1640년, 판서 김시양의 상소를 인조가 허락하여 그의 공을 기리는 정문(旌門)을 세워 표창하였으며, 정무공이라는 시호를 받게 되고 무인으로서는 드물게 불천위(不遷位, 큰 공이 있어 영원히 사당에 모시기를 나라에서 허락한 신위)가 되었다. 이후 이들 후손들은 그를 기리고 선양하기 위해 큰 노력을 기울이게 된다.

최진립은 청백을 몸소 실천한 학자이자 관료요, 나라에 충성을 다해 순국한 무장이다. 임진·병자 양란 중 최진립의 애민과 애국적 활동과 순국에 대해 국왕과 신하, 서민이 모두 하나같이 칭송하고 감동을 하였다. 특히 그가 병자호란 때 용인의 험천 전투에서 순국하자 인조는 "내 신하를 두었도다"라고 하였고, 당시 조정의 신하들은 "나라에 사람이 있었도다"라고 일컬었고, 장사꾼과 일반 백성들도 "훌륭한 분이 돌아가셨도다"라고 칭송하였고 한다.

"청백하게 절개를 지킴을 정(貞)이라 하고, 적을 억누르고 모욕을 막음을 무(武)라고 이른다"라는 시호 '정무' 두 글자가 그의 평생을 집약하고 있다고 할 수 있다. 특히 최진립의 순국정신은 구술을 통해 전해지고 또 역사서와 금석에 새겨져 사후까지도 영원히 살아 있는 것이다. 오늘날도 최진립의 종가 사랑 대청에는 충의당(忠義堂)이라는 편액이 걸려 있다. 최진립의 충의 정신은 아직도 종가의 중심에 게시되어 그 후손들에게 길이 전해지고 있는 것이다.

경주 최부잣집의 청렴과 충의

최부잣집이 깨끗한 부를 이루고 그 부를 사회에 환원하는 자타불이의 정신을 몸소 실천한, 덕이 있는 부를 형성한 바탕에는 가문 내에 조선 시대 경주에서 최초로 문과에 급제하고 청백리로 녹선(錄選)된 사성공 최예(崔汭, 정무공의 7대조)와 정무공의 청백리 정신이 녹아 있다. 청백리 정신은 문파재(汶坡齋, 최부잣집의 당호)가 형성된 정신적 기초로서 중요한 의미를 가지고 있다. 그러한 청부(淸富)의 전통에서 문파재의 인간주의와 경영 합리주의가 생산된 것이 아닌가 한다.

한국의 전통윤리의 하나인 청백리(淸白吏)는 깨끗하고 순백한

최진립 장군의 생가 충의당(忠義堂). 경주시 내남면에 있는 건축물로서 경상북도 민속문화재 제99호로 지정되었다.

정신자세의 공직자를 지칭한다. 청백리의 어원적 의미는 맑은 물처럼 티 없이 깨끗하여 때 묻지 않은 광명의 청관(淸官), 청정(淸定, 나라가 깨끗하게 다스려져 세상이 태평함)을 뜻하는 것이다. 즉, 소극적 의미인 부패하지 않은 관리가 아닌, 적극적 의미가 담긴 맑고 깨끗한 관리라고 하였다. 청백리는 관직 수행 능력과 청렴, 근검, 도덕, 경효 등의 덕목을 겸비한 조선 시대의 이상적인 관료상으로서, 조선시대 총 217명의 청백리가 배출되었다. 청백리 정신에서 가장 중요시하는 청렴정신은 탐욕의 억제, 매명(賣名) 행위의 금지, 성품의 온화성 등을 내포하고 있다. 그러므로 청렴윤리는 청백리의 기본정신에 포함되어 있으며, 국가의 생명력과 도덕성을 활성화하고 따라서 역사적 평가 기준이 될 수 있어야 한다. 청백리는 500년 조선 역사를 지탱해 온 보이지 않는 힘이라 해도 과언이 아닐 것이다.

청렴(淸廉)의 사전적 정의는 '성품과 행실이 맑고 깨끗하며 재물 따위를 탐하는 마음이 없음'으로, 청(淸)은 '맑다, 깨끗하다, 탐욕(貪慾)이 없다', 렴(廉)은 '청렴(淸廉)하다, 결백(潔白)하다, 검소(儉素)하다, 소박(素朴)하다'의 의미를 지니고 있다.

전통적 관료 사회인 조선왕조에서 관료의 청렴도를 평가하는 기준으로 '사불삼거(四不三拒)'라는 것이 있다. 관료가 해서는 안 되는 사불(四不)로는 첫째, 부업을 가져서 안 된다. 둘째, 재임 중에 땅을 사지 않는다. 셋째, 집을 늘리지 않는다. 넷째, 재임 중에 그 고을의 명물을 먹지 않는다는 것이다. 또 관리로 있으면서 거절하여야 할 세 가지를 뜻하는 삼거(三拒)로는 첫째, 윗사람이나 세도가의 부당한 요구를 거절하는 것. 둘째, 청을 들어준 뒤에 답례를 거절하는 것 셋째, 재임 중에 경조사의 부조를 받지 않는다는 것이다.

경주 최부자 가문에서는 청백리인 최예와 최진립에 의해 개척된 청렴을 바탕으로 누대에 걸쳐 1만 석의 청부를 일구어 노블레스 오블리주를 실천하고 사회적으로 존경받는 덕부(德富)를 이루었다. 고운(孤雲)의 사상과 충의 및 청백리 사상을 바탕으로 구체화된 최부잣집 철학에는 가정에서 지켜야 할 도리를 다룬 '가거십훈'이 있고, 또 제가(齊家)를 위한 '육훈(六訓)'과 수신(修身)의 처세를 말한 '육연(六然)'이 있다.

경주최부잣집 가문의 철학

1) 가거십훈(家居十訓)

❶ 인륜을 밝힌다(明人倫)

오품(부자유친, 군신유의, 부부유별, 장유유서, 붕우유신의 오륜)은 하늘이 내려 준 법으로 천하 고금에 다 함께 따라야 할 공통된 도리이다. 이에 밝지 못하면 사람이 능히 사람답지 못하고, 가정이 능히 가정답지 못하니 가히 두렵지 않겠는가!

❷ 어버이를 섬김에 효도를 다한다(事親孝)

부자(父子)는 천성적으로 맺어진 친속이며, 이른바 효도라는 것은 덕의 근본이요 행실의 근원으로 가르침이 그로 인하여 생겨 나는 바이다.

❸ 임금을 사랑함에 충성을 다한다(愛君忠)

임금과 신하의 큰 윤리는 하늘의 법도요, 땅의 의리이다. 함께 나서 함께 살아가는 자이다. 남의 신하된 자는 반드시 순임금이 요임금을 섬긴 바로써 임금을 섬겨야 바야흐로 신하의 도리를 다 하게 된다.

❹ 가정을 잘 다스린다(宜室家)

부부는 두 성씨의 결합이니 남편은 그 몸가짐을 조심하여 아내를 거느리고, 아내는 그 몸가짐을 조심하여 그 남편을 받들어서, 화락하고 또한 즐겁게 부모의 뜻에 순종하면 가도(家道)가 바르게 된다.

⑤ 형제 사이에는 우애가 있다(友兄弟)

형제라는 것은 형체를 나누고 기운을 연한 사람이라, 형은 아우에게 우애하고 아우는 형을 공경하여 노여움을 품고 서로 다투어서 천륜을 파괴시키지 말아야 한다. 더구나 어른을 공경하는 도리가 나의 형에서부터 시작되며, 어린이를 사랑하는 은혜가 나의 아우로부터 시작하느니, 집에 있어서나 향리에 있을 적에 어른은 어린이를 사랑하고 어린이는 어른을 공경하여, 어린이를 멸시하고 어른을 능멸하는 폐단이 없어야만 사람의 도리가 바로 선다.

⑥ 친구 사이에는 신의가 있다(信朋友)

붕우는 그 덕을 벗하며 그 인(仁)을 돕는 것이다. 그래서 천자로부터 서민에 이르기까지 벗에 의뢰하지 아니하고 덕을 이루는 자가 없다.

⑦ 여색을 멀리한다(遠女色)

옛사람이 이르기를 "예쁘고 고운 칼(예쁜 여성을 비유)이 세상 사람을 다 죽인다"라고 하였으니 그 말이 진실하다. 임금이 여색을 좋아하면 그 나라가 망하고, 대부가 여색을 좋아하면 그 집이

망하고, 선비와 서인이 여색을 좋아하면 그 몸을 망치게 된다. 그
렇다면 사람의 집에 화근이 이보다 더 심한 것이 없다.

❽ 술에 취함을 경계한다(戒酗酒)

술이라는 것은 예를 행하고 성품을 기르며 환락하는 것이다.
그러나 지나치면 환난이 되니 삼가지 아니하면 안 된다. 선친께
서 "술은 사람을 미치게 하는 약이다. 술은 기쁜 것이나 기쁘도록
마셔서는 안 된다"라고 하셨다.

❾ 농업과 잠업에 힘쓴다(課農桑)

이는 천하의 근본이다. 맹자가 말하기를 "5묘(畝, 논밭 넓이의
단위. 1묘는 곧 30평으로 약 99.174㎡에 해당함)의 집 가에 뽕나
무를 심으면 70세의 노인이 명주옷을 입을 수 있고, 100묘의 밭
에 농사 때를 잃지 않으면 여덟 식구의 가정이 주리지 않는다"라
고 하였다. 그러므로 농업을 밝게 하고 잠업을 다스리는 것은 가
정의 가장 급한 일이다. 이러한 까닭에 선친께서 관직에 있을 때
나 집에 있을 때나 농업과 잠업의 권장을 앞세우셨다.

❿ 경학을 익힌다(講經學)

경서라는 것은 옛 성현들의 마음 다스리는 법을 밝혀 전해지는
서책이다. 사람의 성품이 모두 착하였으나 깨달음이 선후가 있
으니, 배우고 때로 익히면 착한 것이 밝혀져 그 처음의 본성을 회

최진립의 아들이자 제2대 최부자 최동량(崔東亮, 1598~1664)의 묘. 호는 송정(松亭)으로 개령현감, 귀후서별제, 용궁현감 등을 지냈다. 저서로 『송정유사 (松亭遺事)』가 있다.

복하게 된다. 그러므로 선친께서 자제를 가르치실 때 반드시 『소학』을 먼저 가르친 뒤에 경서와 사기를 가르치셨다.

이 가거십훈(家居十訓)은 최동량이 죽기 전해 겨울에 자손들을 위해 지은 '집에서 지켜야 할 열 가지 훈계'이다. 이는 당시의 일반적인 유가(儒家)의 풍습에 따른 것으로 최부잣집만의 독특한 가훈으로 보기는 어렵다. 그러나 아홉 번째 항목에 농업과 잠업을 언급함으로써 경학을 익히는 것보다 앞세운 것은 눈에 띄는 부분이다. 농업과 잠업은 당시 산업의 근본이었으므로 농업과 잠업을 앞세웠고, 최부잣집은 주로 농업과 잠업으로 가산을 일구

었다고 추정해 볼 수 있다. 그리고 일곱 번째 '여색을 멀리하라'
와 여덟 번째 '술에 취하지 말라'는 교훈은 부자들이 흔히 저지르
기 쉬운 오류를 구체적으로 경계한 것이라 할 수 있다. 사치와 술
과 여자는 한 나라의 왕조도 멸망시킨다. 실제로 최부잣집에서
는 12대에 걸쳐 여자 문제나 술 문제 때문에 어려움을 당한 일은
거의 없었다. 이것이 부를 지킨 또 하나의 중요한 요인 중의 하나
이다.

2) 육훈(六訓)

❶ 과거를 보되 진사 이상 벼슬을 하지 말라.
❷ 만 석 이상의 재산은 사회에 환원하라.
❸ 흉년기에는 땅을 늘리지 말라.
❹ 과객을 후하게 대접하라.
❺ 주변 100리 안에 굶어 죽는 사람이 없게 하라.
❻ 시집 온 며느리들은 3년간 무명옷을 입게 하라.

3) 육연(六然)

❶ 자처초연(自處超然, 스스로 초연하게 지내고)
초연함이란 어느 한 가지에 집착함이 없고 얽매임에서 벗어나
는 것. 혼자 있을 때라도 스스로 초연하게 지냅니다.

❷ 대인애연(對人靄然, 남에게는 온화하게 대하며)

인간관계의 기본은 남을 배려하는 따뜻한 마음을 가지는 것. 남에게 항상 온화하게 응대합니다.

❸ 무사징연(無事澄然, 일이 없을 때는 맑게 지내며)

마음속에 욕심이 있으면 마음이 맑을 수 없다. 그러므로 욕심을 버리고 불순한 생각을 버려야 한다. 변고 없이 무사할 때는 마음을 맑게 유지합니다.

❹ 유사감연(有事敢然, 유사시에는 용감하게 대처하고)

혼자 있을 때는 초연하고, 일이 없을 때는 맑은 물처럼 조용히 스스로의 내면을 바라보다가 변고가 생기는 유사시에는 과감하게 대처합니다.

❺ 득의담연(得意淡然, 뜻을 얻었을 때는 담담하게 행동하며)

보통은 성공하면 기쁨을 감추지 못하고 흥분한다. 그러면 실수를 할 수도 있고 남에게 시기와 모함을 받을 수도 있을 뿐 아니라 오히려 일을 그르칠 수도 있다. 뜻을 이루어 성공하면 담담하게 행동합니다.

❻ 실의태연(失意泰然, 실의에 빠졌을 때는 태연하게 행동하라)

어떤 일을 추진하다가 실패했거나 결과가 마음에 들지 않아 괴

육훈(六訓) 여섯가지 행동지침	육연(六然) 여섯가지 수신(修身)
■ 과거를 보되 진사이상 벼슬을 하지마라	■ 자처초연 (自處超然) 혼자 있을 때 초연하게 지내라
■ 만석 이상의 재산은 사회에 환원하라	■ 대인애연 (對人靄然) 다른 사람을 온화하게 대하라
■ 흉년기에는 땅을 늘리지 말라	■ 무사징연 (無事澄然) 일이 없을 때는 맑게 지내라
■ 과객을 후하게 대접하라	■ 유사감연 (有事敢然) 유사시에는 과감하게 대처하라
■ 주변 100리 안에 굶는 사람이 없도록 하라	■ 득의담연 (得意淡然) 뜻을 얻었을 때 담담히 행동하라
■ 시집 온 며느리들은 3년간 무명옷을 입어라	■ 실의태연 (失意泰然) 실의에 빠져도 태연히 행동하라

최부잣집 가문의 '육훈 (六訓)'과 '육연 (六然)'

로워하고 좌절하여 허둥대기도 한다. 그러나 그런다고 결과가 바뀌는 것은 아니다. 뜻을 이루지 못해서 실의에 빠져도 태연하게 행동합니다.

여기서 '연(然)'의 사전적 의미는 '그러하다' '그렇다고 여기다'인 만큼 전체적으로 관용·긍정·초연의 뜻이 담겨 있다. 즉 '여섯 가지를 그래야 한다'라는 가훈이다. 경주최부잣집의 주손(胄孫)인 최염(崔炎) 선생은 "어렸을 때부터 매일 아침 조부 방에 문안을 가면 보는 데서 붓글씨로 육연을 반드시 써야만 했다"라고 술회한다.

이것은 첫째, 어려서부터 육연을 반복해서 학습함으로써 아예 세포에 각인시키고자 했던 것이며, 둘째, 여섯 가지 '대긍정의 경지'에 들어가야 1만 석의 재산을 감당할 수 있는 그릇이 된다고 여겼고, 셋째, 만석꾼의 재산을 유지한다는 것은 재테크만 잘한다고 되는 것이 아니라 깊은 인격적 수양이 뒷받침되어야 가능하다고 판단하여 어릴 때부터 철저하게 교육했던 것이다.

 12대를 이어온 나눔과 상생의 실천 가문

부의 형성 과정

명가 명부의 정신적 기반

제1대 최부자인 최진립은 청백리로 녹선될 정도였으니 재산이 많지는 않았다고 본다. 양반 가문으로서 어느 정도의 재산은 있었겠지만, 25세에 임진왜란을 당해 아우인 최계종과 함께 의병을 일으켜 왜적을 무찔렀고, 30세 되던 1597년 정유재란 때는 결사대를 조직하여 적을 토벌하였으며, 1693년 병자호란을 당해서는 임금을 구하러 남한산성으로 진격하던 중 전사하는 등, 일평생을 나라를 위해 몸 바친 무장으로서 큰 재산을 모을 수도 없는 삶이었다. 오히려 5촌 당숙인 최경천의 양자가 된 아우 최계종이, 넉넉지 않았던 형의 가족을 돌보았고, 형이 관병으로 나가 있을 때는 형을 대신하여 의병활동을 돕는 등, 전란을 거치면서 양부로부터 물려받은 많은 재산의 거의 절반 가까이가 줄어들었다고 한다.

그럼에도 불구하고 경주최부잣집 제1대로 최진립을 꼽는 것

은, 그로 인해 명가(名家)의 기반을 다져 후손들로 하여금 자부
심을 갖게 하였으며, 후대에 가거십훈이나 육훈에 담긴 '청부의
정신'을 아들 최동량과 손자 최국선을 비롯한 후손들에게 깊이
심어 줌으로써, 그들이 정당한 방법으로 부를 축적하고 그것을
지킬 수 있게 해 준 정신적 기틀을 쌓았기 때문이다. 그가 남긴
『잠와실기(潛窩實記)』와 서간문, 가족이나 노비들에 대한 일화들
을 보면 성품이 매우 어질었던 것을 알 수 있고, 나라에서 정무공
이라는 시호와 청백리 녹선을 받아 무인으로는 드물게 불천위가
되었으니, 후손들이 그의 정신을 기리고 지키기 위해 노력을 기
울여야 했을 것이고, 그러한 노력에 힘입어 명가로서의 명맥을
이어오게 되었을 것이다.

부의 토대 마련

최동량은 최진립의 여섯 아들 중 셋째였다. 성품이 활달하고
의리가 있으며, 부모 형제나 가솔들을 성심으로 대하는 등 부친
으로부터 신임이 두터웠다. 최진립이 외지로 부임할 때에는 따
라다니면서 받들어 모셨고, 아버지를 대신하여 가사일을 맡아하
기도 했다. 최진립이 69세의 나이로 인조를 구하러 출전했을 때
에는 의병을 모아 아버지를 지원하러 갔으며, 도중에 부친의 전
사 소식을 듣고 삼촌인 최계종과 함께 시신을 모셔와 언양 오지

연에 장사지내고 3년의 시묘(侍墓)살이를 하기도 했다. 이는 맏형이 일찍 별세한데다 큰조카마저 오래 살지 못하고 세상을 떠났고, 둘째형은 병약하여 집안일을 하기 어려웠으므로 큰집인 충의당 동편에 담장 하나를 사이에 두고 분가하여 집안의 살림을 도맡아 했기 때문이다.

최동량은 부친의 덕분으로 음직(蔭職)을 받아 벼슬살이를 하여, 1652년 개령현감, 1656년 귀후서별제, 용궁현감 등의 직을 수행하였다. 외직에 있을 때는 구폐를 혁신하고 선정을 베풀어 백성들로부터 칭송이 자자했으나 말년에 벼슬을 그만두고 고향으로 내려와 선대의 업적을 기리는 데 많은 노력을 했으며, 양잠과 농사에 힘쓰는 등 가문을 돌보는 일에 매진하였다.

특히 형제의 우애를 강조하면서 가문이 함께 힘을 모아 잘살 수 있도록 했고, 후손들을 위해 가거십훈(家居十訓)을 만들어 수신제가를 기본으로 하는 처세의 도와 경제적 관념을 심어줌으로써 부자 가문으로서 기틀을 다지기 시작했다. 또한 경주 지역에 최초로 이앙법을 전파하고 보(洑, 논에 물을 대기 위한 수리 시설의 하나로 둑을 쌓아 흐르는 냇물을 막고 그 물을 담아 두는 곳)와 도랑 등의 수리시설을 만들었으며, 황무지를 개간하여 많은 부를 축적하였다.

'3대를 가는 부자가 없다'라는 말은 재물의 가치가 3대를 지나면 저절로 줄어들거나 사라진다는 말은 분명 아니다. 전대에 아무리 많은 재산이 있었다 하더라도 그것을 지켜낼 능력과 지혜를 갖지 못하거나, 지키고자 하는 의지가 없거나, 아니면 사치와 방탕한 생활로 탕진하게 된다는 뜻이다. 반대로 이야기하면 재산을 늘리고 지키기 위해서는, 그것을 지켜낼 능력과 지혜, 또 지키려고 하는 의지, 근검과 절약의 절제된 생활이 전제되어야 하는 것이다. 이러한 정신적 자산의 토대가 최진립과 그 아들인 최동량에 의해 이루어졌다고 볼 수 있다.

급격한 부의 증가

3대 최부자인 최국선(崔國璿, 1631~1682)이 부친 최동량으로부터 재산을 물려받았을 때의 기록을 보면 노비 6명과 논 42두락,[1] 밭 34두락으로 그리 큰 부자는 아니었다. 논 한 두락에서 나오는 쌀이 대략 2가마 정도라고 보면, 80여 가마의 쌀로 가솔들의 의식주를 해결하고 봉제사접빈객(奉祭祀接賓客) 등 양반으로서의 도리를 다 하려면 넉넉한 양은 아니었을 것이다.

---

1) 두락(斗落)은 '논밭의 넓이를 나타내는 단위'로서 한 말[斗]의 씨를 뿌릴 정도의 면적이다. 지역이나 토질, 생산량에 따라 차이가 있으나 보통 논은 200평, 밭은 300평을 한 두락이라 한다. 다른 말로 '마지기'라고도 한다. 논 한 마지기에서 생산되는 쌀의 양은 농사가 잘되었을 때를 기준으로 4가마니 정도인데, 이를 소작인과 반분하면 한 두락에 쌀 2가마니로 볼 수 있다.

 12대를 이어온 나눔과 상생의 실천 가문

　최국선은 할아버지의 공에 힘입어 궁중의 주방격인 사옹원(司饔院)의 참봉으로 벼슬살이를 하였으나 경제적인 안정을 통해 가문을 지키고 발전시키기 위해 노모의 봉양을 핑계로 낙향하였다. 할아버지와 아버지로부터 이어온 부에 대한 도덕적 자세와 윤리적 기준을 바탕으로 양입위출(量入爲出, 수입을 헤아려 지출하는 것)의 경영방침을 지키며 부를 축적하기 시작했으며, 아버지가 해 오던 이앙법[2]과 개간 사업은 이 시기의 급격한 부를 축적하는 가장 중요한 요소가 된다.

　임진왜란과 정유재란의 전쟁을 겪으면서 백성의 살림이 피폐해지고 국가의 재정이 어려워지자 나라에서는 대대적인 식량증산 정책을 펴게 되는데, 그것이 바로 토지개간이었다. 본래 많은 토지를 소유한 부호들은 별 필요를 못 느꼈겠지만 소농의 규모를 벗어나지 못했던 최국선은 황무지 개간에 적극 참여하여 토지를

---

2) 이앙법(移秧法)은 모내기를 할 시기에 비가 오지 않으면 한 해의 농사를 완전히 망칠 수 있기 때문에 수리시설을 완비하는 것이 전제조건이 되므로 지주들이 시행을 꺼리기도 했고, 그런 이유로 조선 초에는 나라에서 이를 금하기도 했다. 하지만 모내기는 일반 농사법의 거의 3배에 해당되는 소출을 얻을 수 있어서 조선 후기 이후 현재까지도 대부분의 논농사에서 채택하고 있는 농법이다. 모내기의 장점은 어느 정도 성장한 모 중에서 생장발육이 좋은 것을 심음으로써 풍수해와 병충해에 강해서 수확량이 훨씬 많아지고, 고른 간격으로 파종함으로써 잡초를 제거하기 용이해서 노동력을 절감할 수 있다는 것이다. 하지만 그보다 더 획기적인 것은 보리농사와 쌀농사가 겹쳐지는 시기에 모판에서 벼를 기름으로써 이모작이 가능하게 된 것이다. 따라서 이전에 단순히 식량 공급으로서 하던 농사가 아닌, 쌀을 팔아서 다른 사업을 하는 경영농업의 단초가 되기도 하였다.

넓혀 나갔다. 충신의 후손이며, 아버지와 최국선도 관직에 있었던 존경받는 가문이었기 때문에 개간 사업에 대해 관(官)의 지원이 더 우호적이었을 것이고, 주변의 백성들도 최부잣집의 일에 더 많은 믿음을 가지고 참여했을 것으로 보인다.

이렇게 개간하여 넓힌 농토에 최국선은 보를 만들고 부친 때부터 시도해오던 이앙법을 적극적으로 실행한다. 이앙법이 도입된 것은 고려말이었지만 인식의 부족과 수리시설의 문제로 조선 초까지 일부 남부 지방을 제외하고는 거의 보급이 되지 않았다. 하지만 최국선은 황무지 개간에 참여한 사람들에게 우선적으로 소작권을 주고, 그들로 하여금 이앙법을 실시하도록 함과 동시에 지주와 소작인이 소출의 반반씩 나누어 갖는 병작반수제(並作半收制, 토지가 없는 농민이 토지를 지주에게 빌리고 그 수확량의 절반을 지주와 소작인이 나누어 가지는 형태의 토지 경영 방식)를 시행하였다. 이로써 농지가 늘어남과 동시에 곡식의 생산량도 2배 가까이 늘어나면서 급격한 재산의 성장을 이루게 되었다.

맹자(孟子)에 '천시불여지리 지리불여인화(天時不如地利 地利不如人和)'라는 말이 있다. 최부자의 경우에 천시는 나라에서 토지개간사업을 시행한 것이고, 지리는 이앙법을 실시할 수 있었던 이조리 주변의 하천이었다. 하지만 이보다 더 중요한 것은 병작반수제를 통해 인심을 얻은 것[人和]이라 할 수 있다. 소작인들은 다른 지주의 땅에서 농사를 짓는 것보다 소득이 많았기 때문에 최부잣집 소작을 원함으로써 안정적인 노동력 공급으로 이어졌고, 자신의 소득을 올리기 위해 다른 곳에서보다 더 열심히 농사를 지었다. 또한 주변에서 논을 팔려고 하면 최부잣집에서 그 논을 살 수 있도록 함으로써 농토를 늘리는 데에도 유리한 조건을 갖게 되었다. 게다가 '진인사대천명(盡人事待天命)'이라는 말처럼, 최국선이 땅을 늘려 가는 동안 해마다 풍년이 들어서 매해 수백 석씩 재산이 불어나면서 만석꾼 부자의 기반이 완성되었다.

계승과 발전

최국선의 2남인 최의기(崔義基, 1653~1722)는 선대를 능가하는 부를 형성함으로써 장남이 아님에도 불구하고 제4대 최부자로 명부의 맥을 잇게 된다. 최국선 대에 형성된 부는 엄청난 것이었지만 조선 중기까지만 해도 장자 위주의 상속이 아니었고, 남녀를 구분하지도 않았기 때문에 3남 3녀에게 재산을 균등상속하면서 부자 가문의 위용을 잃을 뻔한 지경이 되었다. 이때 최의기는 과거시험에 몇 차례 낙방한 후 학문에 뜻을 접고 재산 증식에만 전념하게 된다.

최의기는 부친 최국선으로부터 재산을 늘리는 지혜를 충분히 배웠고, 차남으로서 가문을 돌보고 조상을 모시는 등의 의무에서 한 걸음 물러나 있었기에 보다 적극적으로 부를 축적할 수 있었을 것으로 본다. 또한 선대에 시행했던 병작반수제의 상생경영을 넘어서 나눔과 베풂을 실천에 옮기면서, 일정 수익을 넘어서는 부분에 대해서는 백성과 함께 나누는, 최부자 가문의 전통을 체계적으로 안착시키기도 하여 후대에 완성된 육훈의 큰 줄거리를 만든 시기라 할 수 있다.

이후로 최부잣집의 부가 흔들림 없이 지속적으로 융성하게 된 것은 선대로부터 이어온 부에 대한 철학을 잘 지켜왔고, 그간 쌓아온 재산을 바탕으로 효율적이고 체계적인 관리를 해 온 때문일 것이다. 또 한편으로는 최의기 이후 후손이 귀해서 형제간에 분재로 인한 부의 손실이 거의 없이 장자로 상속이 되어온 것도 큰 역할을 한 것으로 판단된다.

이후 최부잣집은 최언경(崔彦璥, 1743~1804)과 그 아들 최기영(崔祈永, 1768~1834)에 이르러 현재의 교촌으로 이주하면서 후대 최부자 중흥의 시대를 열게 된다. 대를 거듭하여 점점 더 큰 부를 형성하게 되면서 원래 터전인 이조리의 장소가 좁기도 하고 성내까지 거리도 멀었으므로 이를 해결하기 위해 최종률(崔宗律, 1724~1773) 때에 교촌에 땅을 매입하고, 그 아들 최언경이 작업을 하고, 또 그 아들 최기영이 이주를 마치게 된다. 이 시기 동안

경주 교촌 최부잣집 전경. 최종률이 땅을 매입하고, 최기영이 이전을 마치기까지 3대가 걸렸다.

에 최부자 가문은 지방정부와도 긴밀한 유대관계를 갖고 향교와 서원에 재정적 지원도 하면서 그 명성을 전국적으로 확산해 나갔고, 소문을 듣고 전국에서 몰려오는 과객도 끊이지 않는 명실상부한 명가의 명부로 이름을 알리게 된다.

최부잣집이 12대, 400년 동안 부를 유지할 수 있었던 것은 한두 가지로 한정해서 말하기는 어렵다. 부자가 될 수 있었던 것은 최진립에서 비롯된 명가의 전통, 황무지의 개간, 이앙법과 관개 사업 등으로 압축할 수 있겠으나, 400년 이상 부를 유지하는 것은 그보다 훨씬 더 복잡다단한 조건들이 필요했을 것이다. 그래서 최부잣집을 연구하는 사람들은 최부자의 육훈을 중심으로 이를 설명하기도 하고, 또는 그보다 더 많은 항목으로 정리하여 설명하기도 한다. 당태종의 창업수성(創業守城) 고사에도 있듯이, 창업은 비교적 짧은 시간에 이루어지지만 수성은 길고 긴 시간을 이어가야 하는 지극히 어려운 과정임에 틀림없다. 최부잣집은 어떻게 그토록 긴 세월 만석꾼의 재산을 지켜내었을까?

동반 성장의 체계 : 반분타작(병작반수), 단갈림

최국선은 그 아버지와 아들까지 3대를 통하여 많은 부를 형성하였으나 처음부터 존경받는 부자는 아니었다. 당시에는 소작료가 8할을 넘어 9할까지 받던 시절이었고, 보릿고개를 넘기기 어려웠던 소작인들은 지주나 마름에게 양식을 빌리고 나서 추수 때 2배를 갚아야 하는 곱장리(長利)를 써서 연명을 하곤 했다. 최국선도 처음에는 이런 관행에 따라 높은 소작료를 책정하고 장리를 놓기도 했다.

그러던 어느 날, 명화적(明火賊, 횃불을 들고 떼를 지어 부잣집 등을 습격하던 도적의 무리)이 집에 쳐들어왔다. 이때 최국선은 무리 속에서 자신의 논에 소작을 부치던 사람들과 그 아이들, 집안의 종들을 발견하고 큰 충격을 받았다. 또한 이들은 양식은 가져가지 않고 장리로 빌려간 증서들만 가져갔다. 평범한 백성이었던 사람들이 왜 도적이 되었는지, 그들이 목숨을 걸고 훔쳐간 것이 왜 장리 증서였는지를 생각하며 최국선은 깨달음과 함께 큰 결심을 하게 된다.

주변 사람들과 관에서는 도적의 무리를 잡아서 처단해야 한다고 목소리를 높였으나, 최국선은 오히려 남아 있던 채권 서류를 다 돌려주도록 지시했다. 그리고 당시로는 상상할 수 없었던 소작료 5할의 병작반수제를 시행할 것을 선포하면서, 가족과 친지들에게 "내가 잘살아도 이웃이 못 살면 내가 행복하지 않다"라고 말했다. "나라가 없으면 부자도 없다"라고 한 마지막 최부자 최

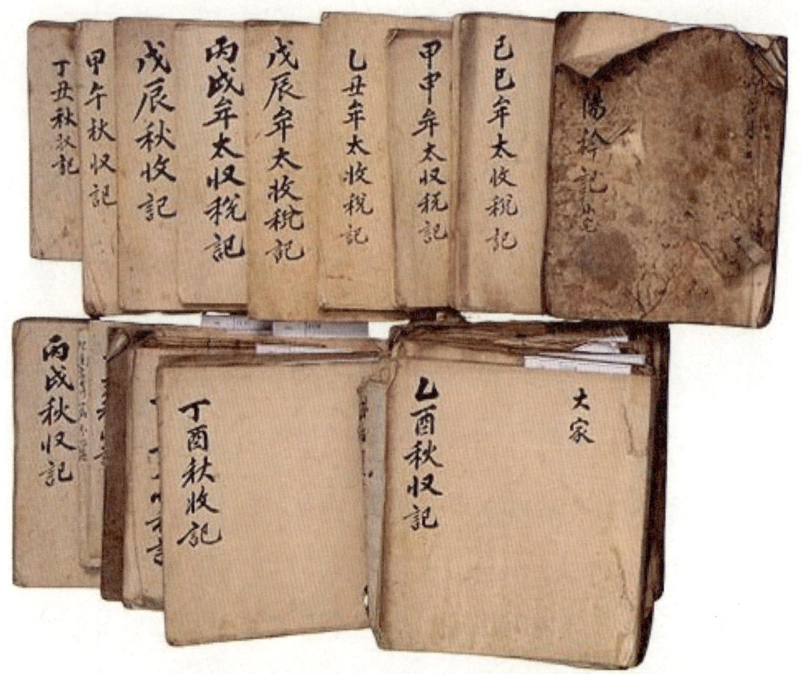

최부잣집의 추수기(秋收記). 대대로 전해 내려오는 농업 경영기록부로 경작자, 면적, 곡식의 종류와 소출량 등이 상세히 기록되어 있다. 당시 소작료는 수확량의 7~8할 정도였으나, 소작농들의 처지를 생각하여 최부잣집에서는 절반만 받았다. 때문에 뜻있는 소작농들의 지원이 줄을 이었고, 이는 다시 수확량 증대로 이어져 만석꾼 재산 마련의 기틀이 되어주었다.

준의 말과 "이웃이 없으면 부자도 없다"라는 최국선의 이 말은 맥을 같이하는 것이어서, 우리에게 400년 넘는 참된 부자의 역사와 전통을 실감하게 한다.

또한 소작인이 원하면 '단갈림(뭇갈림)'도 해 주었다. 당시에는 가을에 벼를 추수하고 나면 겨울 동안 노적(露積, 곡식 따위를 한데에 쌓아 둠)을 해 두었다가 다음해 봄에 타작을 하여 지주와 소작인이 알곡으로 나누는 것이 관행이었는데, 최국선은 이를 가을에 볏단으로 나눌 수 있도록 해 준 것이다. 이렇게 함으로써 소작인들은 겨울에서 봄으로 넘어가는 과정에서 불필요하게 장리(長利)를 쓸 필요가 없어지게 되어 큰 이득을 보게 되었다. 이러한 병작반수제와 단갈림은 당시로는 획기적인 사건으로서, 이를 계기로 최부잣집은 사회적으로 명성을 얻게 되고, 주변의 땅과 사람이 최부잣집으로 몰리면서 엄청난 재산의 증식과 함께 안정적인 경영체제가 갖추어지게 된다.

농경사회에서 토지와 노동력은 부의 근본이다. 과거의 전쟁이란 것도 땅과 사람을 차지하기 위한 경제활동이라고 볼 수 있다. 최씨 집안에 소작을 붙이는 농민들은 최부잣집의 땅이 넓어지면 넓어진 만큼 자신의 소득이 늘어나게 되므로, 팔려는 땅이 나오면 최부잣집에서 그 땅을 살 수 있도록 적극 노력했고, 새로이 땅이 생기면 그들은 흔쾌히 그 땅의 소작인이 되기를 원했으며, 그때마다 최부잣집의 재산은 선순환되어 늘어만 갔다.

엄격한 가정교육

할아버지나 아버지가 아무리 부자라 하더라도 그 재산을 지키지 못하는 경우가 매우 많고, 그래서 부자가 3대를 가지 못한다는 말이 있는 것이다. 1세가 힘들게 창업하는 것을 곁에서 지켜본 2세와 달리 3세는 태어나면서부터 부자였기 때문에 너무 편하고 쉽게 사라서 사치와 방탕한 생활에 빠지기 쉽다는 뜻도 되고, 반대로 그렇게 되는 것을 염려한 부모가 어릴 때부터 너무 엄격하게 관리하고 압박을 하다보면 스스로 그것을 견디지 못하여 일탈하거나 도피하게 되는 경우가 많다는 이유도 있다.

최부잣집이 오랜 기간 부를 유지하게 된 것은 가거십훈, 육훈, 육연과 같은 가르침을 통해 가정 경영, 가정교육을 철저히 해 왔기 때문이다. 이들은 대부분 수신(修身)과 제가(齊家)의 도리를 담은 것으로 유교에서 강조하는 올바른 선비의 길이라 할 수 있다. 다만 이것이 치국(治國)과 평천하(平天下)로 나아가지 못함이 아쉽긴 하지만, 이는 마지막 최부자인 최준에 의해 이루어지는 과정으로 평가할 수 있을 것이다.

육훈으로 본 장부(長富) 경영의 비결

1) 윤리 경영 : 청부의 길─정경 분리

과거를 보되 진사 이상의 벼슬은 하지 말라 : 조선시대는 가히 당쟁의 역사라 할 만큼 당파싸움으로 인한 국론의 분열과 비극의 연속이었다. 특히 최부잣집 초기에는 바로 이런 극심한 당쟁과

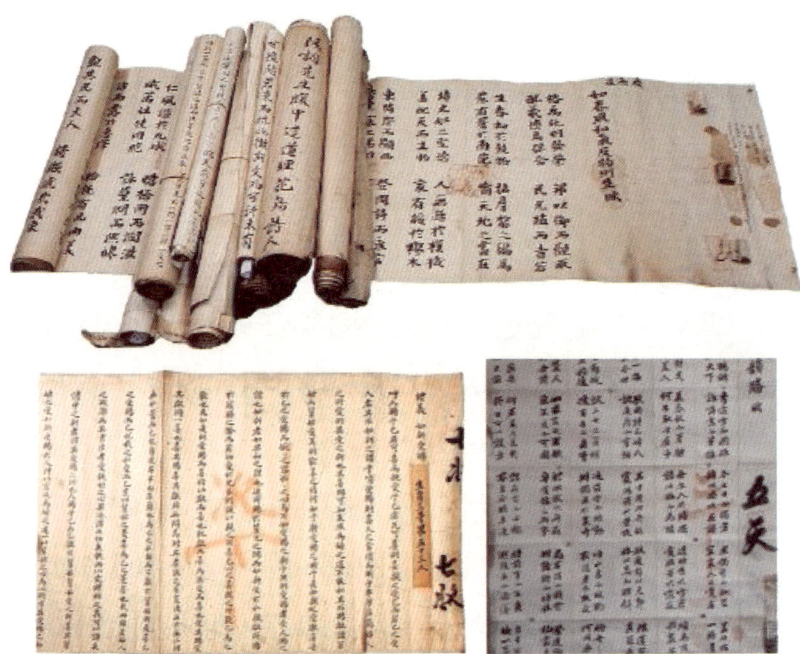

최부잣집 과거 시험지. '과거를 보되 진사 이상의 벼슬은 하지 말라'라는 가르침에 따라 9대에 걸쳐 진사를 배출한 집안으로도 유명하다.

사화, 임진왜란과 병자호란 등으로 인해 온 나라가 피로 물든 최악의 상황이었다.

어제의 최고 권력자가 오늘 역적이 되기도 하고, 보잘것없고 부도덕한 인사가 내일의 권력자가 되기도 한다. 이런 상황에서 자신과 가족의 안위를 지키는 것은 정치와 관계를 맺지 않는 것이 유일한 방책이라 판단되었을 것이다. 하지만 유교의 교리가 절대적인 기준이 되고, 선비가 도덕적 삶의 목적이 되던 시대에 양반이기를 포기하고 살 수는 없는 일이다. 이 두 가지의 모순된 상황에서 선택할 수 있는 가장 현명한 방법으로서, 과거를 보아

신분은 양반을 유지하되 벼슬에는 나아가지 않는 길을 택하도록
후손에게 가르친 것이다.

2) 상생 경영 : 덕부의 길—부와 명예

1만 석 이상의 재산은 사회에 환원하라   5,000석 또는 2만 석
이 아닌 1만 석을 기준으로 한 것에 대해서는 보다 면밀한 검토
가 필요하겠지만, 일반적으로 '만석꾼'이란 표현 속에는 그 정도
면 충분하다는 정서적 공감대가 있다고 본다. 따라서 1만 석이
넘었을 때는 타인의 시기나 관의 경계의 대상이 될 수 있다. 또한
경영의 차원에서 보면, 그 이상이 되면 토지나 소작인을 관리하
고 곡식을 보관·유통하는 데 어려움이 생길 수 있다. 하지만 아
무리 그런 문제가 있다 하더라도 더 많이 갖고 싶은 욕망을 절제
하기 어려울 것이고, 그러다 보면 남의 원망을 사게 되는 일이 생
기게 된다. 이를 미연에 방지하고자 가훈으로 정하여 지키도록
한 것이다. 대체로 초과이익은 소작인들에게 소작료를 감해 주
거나 주변의 어려운 사람을 돕는 데 쓰였고, 이를 통해 인덕을 쌓
고 장기적으로 부를 유지하는 것이 가능해진 것이다.

흉년기에는 땅을 늘리지 말라   최부자처럼 재산이 많은 사람들
은 흉년이 되어도 비축해 놓은 곡식이 있어서 어려움 없이 그 시
기를 넘길 수 있지만, 근근이 가계를 꾸려나가던 가난한 농부들

은 흉년을 버티기 어려워 헐값에 농토를 파는 경우가 허다했다. 농토를 판 대가로 비싼 돈을 주고 양식을 사야 했고 그 양식으로 는 겨우 흰 죽을 끓일 정도여서 쌀 한 섬에 한 마지기의 논을 팔기 도 하여 이를 두고 '흰죽논, 죽빼미논, 한섬논'이라고도 했다. 최 부자는 이것이 가진 자의 횡포이며, 이렇게 상대방의 약점을 악 용하는 것은 부당한 처사로서 이로 말미암아 그들로부터 원망을 사게 되고 가문의 명성과 평판에 해를 입힌다고 생각한 것이다.

주변 100리 안에 굶어 죽는 사람이 없게 하라 '가난 구제는 나 라도 못한다'라는 말이 있듯이, 자신의 것을 나누어 타인에게 베푼 다는 것은 매우 어려운 일이며, 더구나 그 대상이 한두 명이 아닌 경우는 베푸는 데에도 한계가 있는 법이다. 하지만 최부잣집은 그 범위를 무려 사방 백리로 정하여 이웃과 함께 살아가는 나눔의 정 신을 실천에 옮긴 것이다. 육훈에는 없지만 '파장에 물건을 사지 마라' '물건 값을 깎지 마라'는 가르침에도 같은 의미가 있다.

또한 이 교훈은 매우 실용적이고 실질적인 경영 원리를 내포하 고 있다. 주변 100리는 최부잣집의 땅이 많이 있었고, 여기에 소 작을 붙이는 소작인들이 살고 있는 지역이기도 해서, 그들이 제 대로 생계를 유지해야 농사를 지을 수 있는 노동력이 확보된다는 차원도 있다. 내가 가진 것을 나눔으로써 이득이 나에게로 돌아 오는 상생경영의 요체가 여기에도 적용되는 것이다.

3) 소통 경영 : 덕부의 삶—인간 경영

과객을 후하게 대접하라　최부잣집의 과객 대접은 조선을 넘어 중국의 맹상군에 비견할 정도로, 거의 매일 100명 가까운 과객이 드나들었다고 한다. 요즘처럼 숙박 시설이 갖춰지지 않은 시절이어서 타지로 출타하는 사람들은 먹고 자는 일이 만만치는 않았을 것인데, 최부잣집은 경주를 지나는 수많은 과객들을 자신의 집으로 끌어들였다. 최부잣집에는 500명의 과객이 동시에 식사를 할 수 있는 식기와 반상이 있었으며, 수십 명의 과객은 아예 기거(寄居)를 했을 정도여서 연간 2,000석 가량의 쌀을 과객을 대접하는 데 썼다고 한다.

과객을 대접하는 것은 그들이 가진 지혜를 얻고 재주를 활용한다는 의미도 있지만, 누구에게나 대문을 열어 그들을 맞이함으로써 널리 인심을 얻고 외부의 경계심을 없애는 데 큰 역할을 했으며, 그들이 전해주는 소식을 통해 정보를 얻고 앞날에 대비할 수 있기도 했다. 이렇게 열린 마음으로 사람의 마음을 얻은 것이 300년 긴 세월 보이지 않는 곳에서 최부자 가문을 지켜준 힘이 되었을 것이다.

시집온 며느리는 3년간 무명옷을 입어라　최부잣집의 며느리가 되기 위해서는 3대가 덕을 쌓아야 한다는 말이 있을 정도로 많은 양반 가문들이 최부잣집과 사돈 맺기를 원했다. 단순히 내

딸이 부잣집에 가서 호의호식하는 것도 있었겠지만, 그보다는 부자로서 존경받는 가문이었고, 양 집안의 결합을 통해 부와 명예를 공유할 수 있었기 때문일 것이다.

당시 서민들이 입던 무명옷을 입게 한 것은, 1만 석 집안의 안살림을 해야 할 며느리로서 근검절약을 몸에 익혀야 하는 것과, 그런 모습을 통해 집안의 하인들이나 주변 사람들로부터 존경받는 집안의 모습을 보여주어야 한다는, 서민과의 소통을 중시한 처사로 보인다. 한편으로 이는 일종의 통과의례로 해석할 수도 있다. 3년간 아랫사람들과 같은 복식으로 그들과 함께 일하는 과정을 거친 며느리는 진정한 최부잣집의 일원이라는 자부심과 더불어, 가문의 부를 지켜내기 위해 가져야 할 책임감, 살림살이의 지혜도 갖추게 되었을 것이다. 신입자를 가문의 진정한 일원으로 받아들임으로써 조직의 안정과 효율을 꾀하는 것은 현대의 경영자들이 배워야할 중요한 원리이기도 하다.

합리적 경영

1) 생산수단의 확보와 생산성 향상

최부자 가문의 부의 축적에서 정신적·윤리적·도덕적 측면이 부각되기는 하지만 그 못지않게 중요한 것이 최부잣집의 경영 기술이다. 일반적으로 생산수단이라 하면 토지·자본·노동을 비롯한 많은 요소들이 있지만 시대의 변화에 따라 각각 차이가 있다. 수렵채취시대는 노동력, 산업사회는 자본과 기술, 정보사회는 정보, 현대는 창의적인 아이디어가 중요한 요소인 반면, 농경시대의 가장 중요한 생산수단은 토지이다. 최부잣집은 이러한 시대의 흐름을 읽었기 때문에 황무지를 개간하여 토지를 넓혔고, 또 다른 생산수단인 노동력 확보를 위해 병작반수제의 획기적인 소작제도를 시행하였다. 여기에 더하여 이앙법, 시비법(施肥法), 수리관개 시설 확보 등을 통해 생산성을 최대화한 것이 실질적인 부의 축적 요인이 된 것이다.

2) 계획경제

양입위출(量入爲出)의 뜻은 수입을 헤아려 지출을 한다는 것이다. 1만 석의 수입에 맞추어 지출을 합리적으로 하라는 말이겠지만, 다른 한편으로는 지출에 맞추어 수입을 조절한다는 의미도 있다. 많이 지출하기 위해서 무한정으로 수입을 늘리지도 말고, 예상보다 수입이 늘었을 경우에는 초과분을 소작인들에게 분배하여 그 균형을 맞춘다는 것이다. 인간의 욕망은 끝이 없어서 조금이라도 더 많이 거둬들이고 조금이라도 덜 주고 싶은 것이 인지상정이다. 하지만 최부잣집은 이런 욕망을 절제하고 양입위출

함으로써 경영의 효율성을 높이고, 소작인들은 더 많이 생산함으로써 자신의 이익을 확보할 수 있었던 것이다.

현대 자본주의 사회는 달리는 자전거와 같아서 경제의 규모가 지속적으로 확대되지 않고 정체되거나 작아지면 곧바로 경기침체로 이어지는데, 최부자 가문이 1만 석의 수입을 동결하면서도 부를 유지했다는 것은 매우 특이한 경우로 보인다. 하지만 이러한 절제된 경영을 통해서 비용을 절감하고 생산의 효율성을 높였고, 널리 인심을 얻음으로써 노사 간의 끈끈한 관계 속에서 오랜 세월 부를 유지할 수 있는 바탕이 되었다.

3) 경비절감

최부잣집은 마름을 두지 않고 집안사람이나 하인을 통해 직접 소작인을 관리했다. 즉 중간상인 없이 지주와 소작인이 직거래하여 경비를 절감함으로써 '윈 - 윈' 하는 시스템을 갖춘 것이다. 이를 통해 노사 양쪽이 다 같이 생산의 부가가치를 높일 수 있었고, 지속적인 관계 유지를 가능하게 만들었다.

또한 최부잣집 초기에는 농사를 지을 때에 소작인들과 함께하기도 했고, 집안일이나 과객을 접대하는 일에도 식구들이 모두 나서서 직접 노동에 참여함으로써 경비 절감과 더불어 하인들에게 솔선수범하는 모범을 보이기도 했다. 물류비용을 줄이기 위해 지역별로 창고를 나누어 일정량의 곡식을 보관했으며, 이조리에서 교촌으로 이전한 것도 성내로 곡식을 나르는 데 드는 경비를 줄이기 위한 목적이 포함되어 있었다.

부자정신의 실천 : 나눔과 베풂

최부자의 나눔의 정신의 가장 핵심적인 부분은 전술한 바와 같이 병작반수제를 통한 생산의 나눔이다. 현대 사회에도 성과상여금이나 이익공유의 개념이 있지만 이것이 잘 지켜지는 예는 보기 드문 일인데, 최부자는 이를 실천에 옮김으로써 나눔의 상생 경영을 모범적으로 보여주었다. 이처럼 소작인과의 나눔은 일종의 경영 방식으로서 장기적으로 자신에게도 이익이 된다는 전략의 하나로 볼 수 있다. 하지만 최부자 가문이 청부·덕부로서 아름다운 이름을 기리게 된 것은 무엇보다도 아무런 대가(代價) 없이 지불한 베풂의 실천들이다.

이러한 베풂의 실천은 어느 한 대에 국한된 것이 아니라 사방 100리 안에 굶어 죽는 사람이 없게 하라는 선대의 가훈을 대대로 이어 하나의 전통으로 자리 잡았고, 흉년이 들었을 때뿐만 아니라 언제 어느 때고 가난한 사람들이 찾아오면 넉넉히 대접하여 보내게 되었다.

경주시 내남면 이조리 충의공원의 활인당(活人堂). 정무공 최진립의 손자 최국선이 문중과 의논하여 사방 100리 안에 굶어 죽는 사람이 없게 한다는 신념으로 이조리 동네 어귀에 초가집을 짓고 곳간을 열어 죽을 쑤어 굶주린 사람들을 구휼한 곳이다. 이것이 경주 최부자의 상생과 나눔 정신의 시발점이 되었다.

활인당 최국선이 41세 되던 해, 나라에 큰 기근이 들었을 때에 "모든 사람들이 장차 아사(餓死)할 형편인데 나 혼자 재물을 갖고 있어 무엇하겠느냐"라고 하면서 양식 수백 석을 내어 죽을 끓여 굶는 이들을 먹이고 옷을 나누어 주었으며, 임종에 이르러서는 서랍 가득히 보관했던 담보문서를 돌려주고 돈을 빌린 차용증서를 모두 불태우게 하였다. 이조리 동네 어귀에 초가를 짓고 곳간을 열어 죽을 쑤어 굶주린 사람을 구휼했던 활인당은 교촌으로 이전한 후에도 지속되었으며, 6·25 전쟁 때에도 수많은 피난민을 먹여 살림으로써 최부잣집 노블레스 오블리주의 상징이 되었다.

교육 기부   7대 최부자인 최언경은 과거에 세 번 낙방한 후에 벼슬길을 포기했지만, 집 근처에 '남강서당'을 짓고 많은 돈을 들여 장서를 구입하고 지방의 인재를 모아 가르쳤다. 이 문고는 현재도 영남대학교 도서관에 보관되어 있다. 8대 최기영 대에 교촌으로 이전할 때에는 경주 향교의 재정을 위해 많은 재물을 희사하기도 하였다. 또한 '나라가 어려워진 것은 청년을 교육하지 않았기 때문'이라는 생각으로 최준이 전 재산을 내놓아 대구대학을 세운 것은, 나라도 하지 못하고 그 누구도 할 수 없었던 가장 아름다운 기부로 칭송받을 역사적 사건이었다.

사랑의 쌀통   최부잣집 사랑채에는 매일 100여 명의 과객이 드나들며 숙식을 제공받았지만, 가난한 유랑민들은 여기에 끼이기도 어려웠다. 이들을 위해 최부잣집에서는 특별한 뒤주를 하나 두었다. 누구든지 여기에 있는 쌀을 한 줌 가지고 최부잣집 하인이나 소작인을 찾아가면 최부잣집의 과객으로 인정하여 식사를 대접했다고 한다. 그냥 와서 구걸을 하기보다는 한 줌의 쌀을 가져와서 떳떳하게 한 끼 식사를 할 수 있도록 한 특별한 배려가 돋보인다.

경주 최부잣집의 사랑의 쌀통

의병과 독립투사 지원 구한말 나라가 기울어져 가던 시절에 가정을 포기하면서까지 나라를 위해 싸우던 의병들에게도 최부잣집은 기댈 수 있는 커다란 언덕이었다. 특히 마지막 최부자 최준은 날마다 찾아오는 의병들과 열혈 투사들, 독립운동가를 위해 곳간을 여는 것은 물론이고 그들의 활동자금을 지원하기 위해 전 재산을 내어 놓았다. 상해 임시정부에서 일하던 동생(최완)이 일경에 체포되어 옥살이를 하고 최준 자신도 일경의 감시를 받는 상황에서도, 독립운동가 안희제와 백산무역회사를 만들어 독립자금을 은밀히 지원한 것은 지역사회의 차원을 넘어서 국가와 민족을 위한 구국(救國)의 일념으로 행했던 최상의 베풂이었다.

최준 이후에 그 자손들이 현재도 존재하고 있지만 그들에게는 최부자 가문의 재산이 전혀 없다. 심지어는 살고 있는 집이나 선산까지도 영남대학교 소유로 되어 있는 현 상황에 대해 많은 사람들은 너무 심했다거나 어리석다는 이야기를 하기도 한다. 이렇게 된 까닭은 최준이 일제하 거액의 독립자금을 마련하는 과정에서 전 재산을 은행에 담보로 맡겨 파산 지경에 이르기도 했기 때문이다. 이때 의친왕 이강의 도움으로 최악의 사태는 가까스로 면했지만 말이다. 그리고 해방 후 일제 은행에 압류된 재산을 일부 되찾긴 했지만 또다시 남은 전 재산을 기부하여 대구대학(현 영남대학교)과 계림대학(현 영남이공대학)을 설립했기 때문이다.

 12대를 이어온 나눔과 상생의 실천 가문

하지만 이것이야말로 최준이 선택한 가장 아름다운 마무리였다고 생각한다. 3대 부자도 어렵다고 하는데 12대 만석꾼을 이어온 것만 해도 세계사에 유례가 없는 대단한 업적이 아닐 수 없다. 역사를 가정할 수는 없는 일이지만 만약에 최준이 재산을 그 후손에게 남겼을 때 과연 얼마나 더 긴 세월을 부자로 살아갈 수 있었을까? 현재나 미래의 언젠가는 부자 가문의 마침표를 찍어야 할 때가 반드시 올 것이고, 그 어느 때를 최준은 자신에게서 찾은 것이다. 그것은 '나라가 없으면 부자도 없다'라는 그의 말처럼 나라와 민족을 위해, 또 그 미래를 위해 가장 의미 있는 시기에 가장 의미 있는 일로서 마무리를 한 것이다.

또한 여기에는 미래를 내다보는 최준의 혜안이 작용했을 것으로 본다. 최부잣집이 살아왔던 농경시대는 토지가 가장 중요한 생산수단이었지만 앞으로의 시대는 토지가 아닌 기술과 혁신의 시대이고, 그러한 시대에 가장 필요한 것은 창의성과 인성이라는 무형의 자산이라는 깨달음이 있었을 것이다. 그리하여 최부잣집은 우리나라 역사 속에 영원한 부자로서, 진정한 노블레스 오블리주를 실천한 가장 아름다운 부자로서, 현대를 살아가는 우리에게 소중한 삶의 교훈을 남길 수 있게 된 것이다.

최부자정신의 현대적 의미

최부잣집이 우리에게 남긴 가장 소중한 가르침은 '어떻게 하면 부자가 되고, 어떻게 하면 그 부를 지속할 수 있는가'의 문제가 아니라 '부자는 어떻게 살아야 하는가'이다. 현재에도 최부잣집보다 더 많은 부를 소유한 부자들은 많이 있지만 이들 대부분은 참된 부자의 길을 모르는 듯하다. 소위 '노블레스 오블리주'라는 가진 자의 책무를 다하지 않는다. 청부(淸富), 덕부(德富), 현부(賢富), 미부(美富), 장부(長富), 종부(終富) 등의 많은 수식어를 가지고도 다 할 수 없는 최부잣집의 정신이 오늘날의 부자들에게 큰 가르침과 깨달음이 되어야 할 것이다.

인식과 태도의 문제

학생들을 대상으로 설문조사를 해 보면, 누구나 다 부자가 되고 싶다고 하면서도 부자에 대한 인식은 대체로 부정적이다. 이처럼 부자를 부정적으로 인식하는 까닭은 현대 사회의 부자들이 보여주는 잘못된 행태 때문일 것이다.

우선 부를 축적하는 과정이 좋지 않다. 정경유착이라는 말처럼 권력과 야합(野合)하여 부당한 방법으로 이익을 얻거나, 다른 사람의 재물을 뺏음으로써 부자가 되거나, 약한 자를 핍박하여 부자가 되는 등의 경우들은 과정이 좋지 않은 예들이다. 우리나라의 근현대사를 보면 양반 관료의 수탈, 열강의 침략이나 일제강점기의 반국가·반민족적 행위, 전쟁 후의 수복·재건기의 정경유착, 노동의 착취, 불법과 탈법 등등의 부정적 방법에 의한 부의 축적이 많았기 때문이다. 또한 부를 사용하는 행태가 바람직하지 않기 때문이다. 언론에 끊임없이 등장하는 부자들의 갑질, 2세 또는 3세들의 타락한 생활, 모으기만 하고 베풀지 않는 태도, 기업의 횡포 등을 바라보면서 부자는 나쁜 사람이라는 의식이 우리 사회에 만연해지고 있는 것이다. 하지만 최부잣집은 이들과는 전혀 다른 부자로서의 삶의 모습을 보여줌으로써 현대를 살아가는 우리에게 많은 시사점을 남겨주고 있다.

첫째, 부자는 나쁜 것이 아니다. 그러기 위해서는 부를 축적하는 방법이 정당해야 한다. 타인의 재산을 뺏음으로써 부를 축적해서는 안 된다. 부자와 빈자는 대립하는 제로섬(zero-sum)의 관계가 아니라 내가 부자가 됨으로써 다른 사람도 더 풍요로워질 수 있는 확대·재생산의 관계이다. 부자를 나쁘게 보는 일부의 시각은 '나는 부자가 될 수 없다'라는 좌절감에서 비롯되는 경우도 있다.

둘째, 누구나 부자가 될 수 있다. 과거에는 증여나 상속에 의해 부자가 되는 경우가 현대사회보다 더 많았고, 농업경제사회에서 토지가 주요한 경제 요소인 시대에는 가난한 자가 부자가 되기 어렵고, 한번 부자가 되면 계속해서 부자로 살아가는, 즉 계층 간의 이동이 어려운 시기였다. 그러나 최부잣집의 사례를 보면 처음부터 부자가 아니었고, 대를 이어가며 재산을 분배하는 과정에서 규모가 대폭 축소되기도 했지만 특유의 경영방식으로 선대보다 더 많은 재산을 형성하였다. 남들이 가지 않는 어려운 길을 통해 새로운 부를 창조하고, 혁신을 통해 부를 확대하고, 절제와 검약을 통해 부를 유지한다면 누구나 부자가 될 수 있음을 경주최부잣집은 보여주고 있는 것이다.

셋째, 많이 가질수록 더 많이 베풀어라. 연간 수익이 5,000만 원인 사람이 500만 원을 기부하면 10분의 1을 베푼 것이다. 그렇다면 연 수익 5억인 사람이 같은 금액인 500만 원, 또는 같은 비율인 5,000만 원을 기부하면 그 베풂의 크기가 같은 것일까? 전자의 경우는 남은 4,500만 원으로 가족이 빠듯하게 살아야 하지만, 후자는 남은 4억 5,000만 원으로 가족이 풍족하게 살고도 엄청난 액수가 남게 된다. 모든 사람의 삶의 질이 같아야 하는 것은 아니겠지만, 후자는 전자보다 10배를 베풀었으나 그 가치는 10분의 1보다 더 작다고 할 수 있다. 불경에 나오는 '빈녀일등(貧女一燈)'의 설화나 성경에서 말하는 '과부의 동전' 이야기는 이를 두고 한 말이다.

넷째, 가치 있는 목적을 가져라. 부자라고 하면 호의호식(好衣好食)이라는 단어가 연상되지만, 아무리 돈이 많다고 해도 하루에 열 끼 밥을 먹을 수 없고, 집이 좋다고 해도 혼자서 열 침대를 쓸 수는 없으며, 아무리 좋은 옷도 열 벌 옷을 껴입을 수는 없다. 돈을 벌어서 무엇을 할 것인가 하는 목적의식을 갖는 것이 참된 부자가 되기 위한 첫걸음이다. 부를 통해서 널리 사람을 이롭게 할 수 있는 목적을 가지는 부자가 되어야 하고, 그런 부자가 많아야 우리 사회가 바람직한 모습으로 발전될 것이다.

다섯째, 당대에 부자가 되겠다는 조급함을 버려라. 부자가 되려는 대부분의 사람들은 '내가 부자가 되어야겠다'라고 생각한다. 당연한 이야기처럼 들리겠지만 이런 조급함이 일을 그르친다. 마음이 조급해지면 실수가 생기게 되고, 방법이 나빠지게 되고, 관리가 어려워진다. 간혹 그렇게 해서 돈을 벌 수도 있겠지만 그러면 내 자식이나 손자는 또 무엇을 더할 것인가를 생각해 보아야 한다. 또 더 벌면 되고 거기서 다시 더 큰 부를 축적하면 되겠지만, 이런 끝없는 욕망이 화를 부르게 된다. 최부잣집의 가르침에 1만 석이라는 한도를 정해 놓고 그것을 효율적으로 관리함으로써 부가가치를 높여 갔던 것을 깊이 명심해야 한다. 따라서 우리 집안도 부자가 되어야겠다고 결심한 사람들은, 자식과 손자를 앉혀 놓고 그들과 함께 앞으로의 계획을 이야기하고, 그들이 100년, 200년 후를 꿈꿀 수 있도록 지혜와 성실함과 상생의 마음가짐을 가르쳐야 한다.

자본주의의 문제점 해결

현대 자본주의가 가지는 문제점은 무한경쟁으로 인한 행복감 저하, 빈부 격차의 증대, 불공정 경쟁, 물질만능주의와 인간 소외 등의 여러 가지 견해들이 있다. 경제활동의 중심에 자본이 있기 때문에 더 많은 자본을 축적해야 지속적인 성장이 가능해진다. 그래서 사람들은 끊임없이 자본을 축적하려 하고, 자본을 가진 사람은 그렇지 못한 사람들보다 유리한 상황에서 더 많은 재화를 가지게 된다. 그러나 재화가 늘어난다고 해도 그것이 행복으로 직결되는 것은 아니다. 그래서 아무리 밤낮없이 일을 해도 삶의 질은 나아지지 않고, 자본에 의해서 인간은 점차 더 소외감을 느끼게 된다.

최부잣집의 육훈 속에는 이런 문제들을 예견이나 한 듯이 그

해결책을 구체화하여 보여주고 있다. 병작반수제를 통해 자본가와 노동자가 이익을 공유함으로써(물론 완전하게 평등할 수는 없지만) 빈부격차의 문제나 인간소외의 문제를 해결할 수 있으며, 육훈에서 말한 바 1만 석이라는 기준을 정해놓고 그 이상의 욕망을 절제하게 함으로써 무한경쟁이나 불공정 경쟁의 문제를 해결하고자 하였다.

현대는 '자본주의 4.0의 시대'라고 한다. 자본주의 1.0은 모든 것을 자율에 맡기는 자유방임의 고전자본주의, 2.0은 정부의 역할과 책임을 강조하는 수정자본주의, 3.0은 시장의 자율성과 기능을 강조하는 신자유주의라고 한다면, 자본주의 4.0은 정부와 시장의 역할을 동시에 강조하는 적응성 혼합경제라는 것이다. 이를 두고 경제 전문가들은 따뜻한 자본주의, 또는 동반성장·상생경영 등으로 설명하고 있는데, 이와 관련한 구체적인 경영의 실천원리를 여기서 다 말하기는 어렵지만, 최부잣집의 경영 사례에서 자본주의 4.0이 말하는 동반성장·상생경영의 구현 원리를 찾을 수 있을 것이다.

과거 전통사회의 경영에서도 이해관계자 간의 갈등이 있었겠지만, 현대 자본주의 사회에서는 경제의 규모가 거대해지고 환경이 복잡해짐에 따라 각각의 이해관계자의 대립이 심화되고 있다. 특히 대기업과 중소기업 간의 대립과 갈등은 매우 심각하여 이 둘 사이의 이해관계를 조화할 수 있는 상생경영이 더욱 중요시되고 있다. 현대사회, 특히 해방 이후 대기업을 통한 급속한 경제성장을 이룩하고 있는 우리나라의 경우는, 경제적·사회적 강자인 대기업의 발전에 따라 약자인 중소기업도 동반성장하는 것이 아니라, 자본의 집중에 따른 부익부·빈익빈의 현상이 심화되면서 국가경제의 발전이 저해되고 있다. 대기업의 시장지배력 강화와 무분별한 이윤추구로 중소기업이 위태로워지고, 중소기업의 경쟁력 약화는 결국 대기업을 위태롭게 하는 악순환의 결과를 낳게 되는 것이다.

이런 상황에서 중요한 것은 대기업과 중소기업이 누가 더 많은 경쟁력을 가지느냐가 아니라, 각자의 생존에 필요한 경쟁력을 확보하고 그것을 어떻게 축적해 나가느냐이며, 이를 통해서 대기업과 중소기업이 서로 윈윈하는 환경을 만들어가는 것이다. 다시 말하면 대기업과 중소기업 간의 대립적 경쟁우위가 아닌, 각각의 경쟁력을 바탕으로 한 협력 우위가 현대자본주의의 유일한 생존 원리가 되는 것이다. 즉 노동자와 사용자, 협력업체, 고객, 투자자 등의 이해관계자들이 다 같이 상생할 수 있는 것이 기업을 영속시키는 핵심요체이며, 서로 살리는 기업을 만드는 것이 필수적으로 요구된다. 최부잣집의 경영 철학을 현대 자본주의사회에 일대일로 대응할 수는 없지만, 그 근본원리는 자본주의 4.0에서 말하는 상생경영·동반성장과 다를 바 없다고 할 수 있다.

 12대를 이어온 나눔과 상생의 실천 가문

3장 | 노블레스 오블리주의 표상

일제강점기의 독립 운동

문화 사업 지원

교육 사업에 투신

국채보상운동 주도

"재물은 분뇨와 같아서
한곳에 모아두면 악취가 나지만
골고루 사방에 뿌리면 거름이 되는 법이다."
— 최준

일제강점기의 독립 운동

    일제강점기 최부잣집에는 우국지사들의 발길이 끊이지 않았다. 이때 최부잣집과 교유가 있었던 독립운동가 백산(白山) 안희제는 1914년 부산에서 백산상회(白山商會)를 설립하여 독립자금 마련의 창구 역할을 한다. 그러나 그는 엄청난 독립자금 수요를 감당하기에는 부족하여 1917년, 최준의 아우 최완에게 백산상회에 참여해줄 것을 권유했고, 이에 백산상회는 최완과 함께 합자회사 형태로 운영된다.

문파(汶坡) 최준(崔浚)

    이 과정에서 백산상회를 지켜보던 최준은 1919년 마침내 결단을 내려 백산상회를 백산무역주식회사로 확대 개편하고 조선 최고의 자본금 회사로 전환하여 대표이사 사장을 맡아 직접 회사 경영을 맡는 한편 독립자금을 보내는 역할을 한다. 이때 최준의 참여로 확대된 백산무역은 경상도 지방의 부호들도 대거 참여하게 된다.

백산(白山) 안희제(安熙濟)

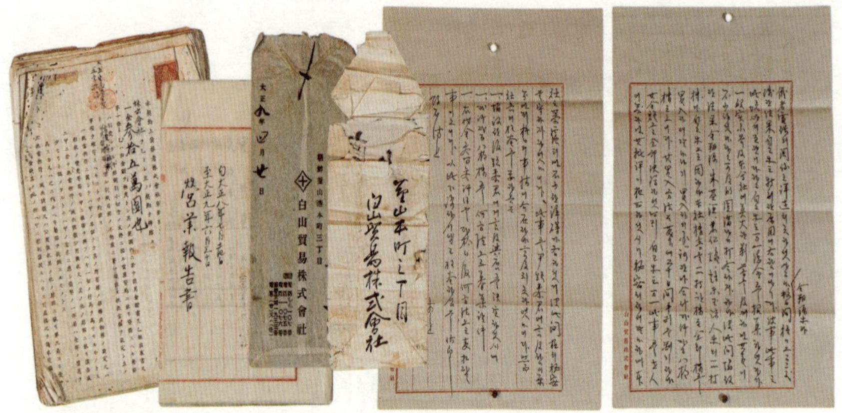

최준과 백산상회와의 관계를 보여주는 문서. 백산상회는 최준이 대주주로 참여하면서 주식회사로 확대·개편되었다. 이후 백산상회를 통해 마련된 자금은 임시정부 재정위원인 셋째아우 최완에게 전달되어 독립운동의 중추적 역할을 하였다.

백산무역주식회사의 대주주이자 사장인 최준은 곡물·면포·해산물 등을 무역한다고 내세우며 임시정부에 독립자금 100여만 원을 보내는 등 전 재산을 담보로 임시정부 자금을 지원하였다. 이로 인하여 가산은 크게 기울어졌고, 집안 살림은 몹시 어려워졌다. 더구나 군자금 송달이 탄로가 나서 그는 공주 감옥과 평양 경찰서로 끌려가 많은 고초를 겪으며 옥살이를 했다. 이때 영친왕의 아우 의친왕 이강(李堈)이 경주 고적을 둘러보러 내려와서 며칠 동안 최부자 사랑채에 머물렀다. 의친왕은 최준의 비범한 식견에 깊은 감명을 받았고, 독립 자금 조달로 말미암아 전 재산이 모두 채권은행에 의해 경매에 이른 것을 알았다. 그는 서울로 올라가 식산은행장 유하광풍(有賀光豊, 아리가 미쯔도요)을 적극 설득하여 일부 채권을 경감하는 도움을 주기도 하였다.

최준은 3·1독립운동이 일어나자 만주와 러시아 지역에서 활동하는 독립투사를 도왔고, 파리강화회의에 보낼 진정서를 김응섭 등으로 하여금 상해 임시정부에 전달하고 군자금을 계속 조달하였다. 3·1독립운동 후 조선총독부는 민족 지사에 대한 회유를 집요하게 하였다. 그들은 원로원 격인 중추원(中樞院)을 만들어 최준에게 참의(參議)와 문교장관 직을 강요했으나 그는 끝내 맡지 않았다.

그의 독립운동 단체 참여와 후원 활동은 매우 광범위하고 다양하였다. 그는 조선국권회복단의 단원과 대한광복회의 재무부장을 역임하면서 민족지사들의 독립운동을 재정적으로 후원하였다. 셋째 아우 완(浣)을 상해 임시정부의 재무위원으로 파견하였고, 국내외에 전개된 독립운동을 지원하여 다수의 사건에 연루되기도 했다.

광복 후 백범 김구(金九) 선생이 환국하여 '임시정부 자금의 6할은 백산 안희제에게서 나왔다'라고 증언하였다. 최준은 독립자금을 안희제를 통해 송달했다. 김구가 서울 경교장에 있을 때 최준을 초청하여 만났는데, 당시 최준은 62세였고, 김구는 70세였다. 김구는 최준을 만나자 독립운동자금 송달에 대해 높이 치하하며 명기장을 내놓았는데, 최준이 보낸 자금이 한 푼도 빠짐없이 모두 임시정부에 들어간 것을 알고 그는 이미 고인이 된 안희제를 생각하며 눈물을 흘렸다.

최준은 문화 사업에도 큰 업적을 남겼다. 집안이 누대에 걸쳐서 부자로 살았고 더구나 공부도 게을리 하지 않았으니 자연 집안 대대로 전해져 오는 서책들이 많았다. 이런 서책들은 선대의 조상들이 꾸준히 사 모은 것이거나 필사한 것들이 대부분이지만 그 중에는 당대의 학자들을 모아 직접 편찬한 것도 많았다.

이런 서책들은 최준이 대구대학을 설립하면서 대학 설립 조건에 맞추기 위해 모두 대학에 기증하였고, 후일 대구대학이 영남대학교로 바뀐 후 영남대학교 중앙도서관 고문헌실에 '문파문고(汶坡文庫)'라는 별도의 서고에 보관되어 있다.

문파문고에는 조상 대대로 전래되어 온 책 5,500여 권에 최

영남대학교 도서관의 문파문고

준이 직접 사 모은 책을 더하여 1966년 기준 8,968권의 책이 목록상에 올라와 있다. 이는 여느 대학들이 소장하고 있는 동양서적과는 양이나 질적인 면에서 완전히 독보적인 것으로 평가된다. 물론 이 책들은 집안의 다른 재산과 함께 아무런 대가 없이 대학에 기증한 것이다. 영남대학교 도서관에 전달된 책들은 7,000여 권이었는데 허술한 도서 관리로 분실 혹은 미반환되어 현재는 4,388권으로 줄어들었다고 하니 참으로 안타까운 일이다.

최준은 이 책을 대구대학에 기증할 당시 '동양철학과'를 개설해야 한다는 조건을 제시하였다. 신문물과 신기술을 앞세운 서양가치가 몰려드는 시대 상황에서 동양의 현인·철학자들이 학문을 연구할 산실을 제공하여 우리 민족 본연의 철학을 지켜나가게 하기 위함이었다.

최준은 1920년에 경주박물관의 전신인 경주고적보존회(慶州古蹟保存會)를 설립하여 회장을 맡아 활동했다. 이 회는 경주에 산재한 신라문화 유산을 관리·보존한다는 취지에서 결성된 최초의 모임이었다. 이들이 수집한 유물을 경주 객사 동경관에 진열대를 설치하여 전시하고 활발한 활동을 계속하였다. 이러한 소문은 경향 각지에 널리 알려지게 되었고, 마침내 조선 마지막 임금 순조는 이들의 현로(賢勞)에 깊은 감명을 받고 일금 100원을 하사하며 격려했다. 그러나 당시 회원 명단과 문화 활동에 대

석굴암을 배경으로 왼쪽부터 박화준, 최남선, 최준. 최준이 간행한 『동경통지』

한 구체적 자료가 남아 있지 않아서 아쉽다.

또한 최준은 문화운동의 일환으로 언론·교육·민족문화 등의 사업에도 많은 업적을 남겼다. 그는 1919년 이후 문화운동이 확산되는 과정에서 《동아일보》 창간 발기인, 중앙학교 재단이사와 보성학교 이사, 경주청소년 지원을 통한 대중운동 등을 통해 민족문화의 육성에 기여하였다.

특히 최준은 1933년 경주의 역사를 집대성한 『동경통지(東京通志)』14권 7책을 편찬하였다. 위당 정인보가 고문을 맡고, 육당 최남선이 총괄하였으며, 향교 전교 박화준이 자료 수집 등을 보좌하였다. 이 과정에서 엄청난 양의 한지가 필요하였다. 최부 잣집에서는, 가내수공업 형태였지만, 생산량이 꽤 많은 한지를 자체적으로 생산하는 종이 공장이 있었기에 편찬에 따른 종이 부족을 해결할 수 있었다.

이렇게 자체적으로 생산한 한지는 경주 향교에도 넉넉하게 공급하여 유생들이 공부하는 데 부족함이 없도록 배려하였다. 향교에는 종이뿐만 아니라 집안의 귀중한 서책들도 수천 권이나 진열해 두고 유생들이 마음껏 공부하도록 후원하였다.

교육 사업에 투신

1945년 광복 후, 최준은 대구 종로통 약전골목에 을유약업회사를 설립하는 한편으로 지역의 내로라하는 유지들과 함께 아양음사(峨洋吟社)라는 시회(詩會)를 결성하여 시국을 걱정하고 조국의 앞날을 협의하였다. 이때 최준은 인재를 양성하는 길만이 나라를 발전시키는 길이라고 확신하고 대학을 설립하기로 결심했다. 대학을 설립하는 과정에서 그는 도내 유지와 재산가를 적극 참여시켰고, 향교 재단도 합류하게 했다. 물론 그는 제일 많은 액수를 기부했고, 대대로 수집·소장한 장서 약 9,000여 권을 2차에 걸쳐 기증했다. 이렇게 해서 1947년 3월 10일에 민립 대구대학을 개교하였다.

대구대학 설립 후 학교 운영에 전념하던 최준은 남은 전 재산을 출연하여 문파교육재단(汶坡敎育財團)을 설립하고 경주에 계림학숙(鷄林學塾)이라는 2년제 사립대학교를 개교하였으니 이때가 1955년 4월 1일이다. 경주향교와 문중서당인 숙연당(肅然堂)을 비롯하여 본댁 사랑채 상하 2동 12칸을

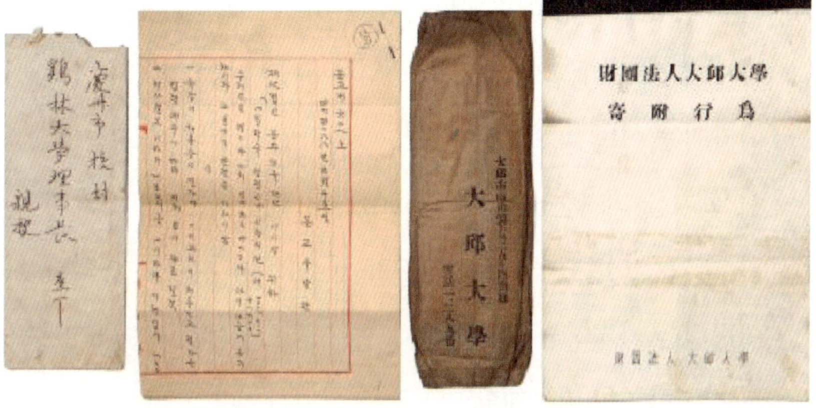

나라의 힘을 키우기 위해서는 무엇보다 교육이 중요하다고 생각한 최준의 기부로 설립된 계림대학과 대구대학은 대구대학으로 통합되고, 청구대학과 합병되는 과정을 거쳐 현재의 영남대학교로 이어졌다.

일부 개조하여 교사(校舍)로 사용하였다. 이 계림학숙은 나중에 대구대학교 부설 여자초급대학으로 바뀌어 개교함으로써 최준은 여성교육 발전에도 기여했다. 이러한 과정에서 최준의 모든 재산은 결국 대구대학 소유로 귀속되었다.

대구대학을 운영할 때 최준은 주로 대구에서 머물렀다. 그러나 6.25 전쟁 직후여서 학교 경영은 어려웠다. 그 중에는 교수난도 한몫을 했다. 전쟁 중 피난처로 영남 일대에 와 있었던 교수들이 휴전이 되자 다수가 서울로 올라가버린 것이다. 어려운 가운데서도 십수년 학교 경영에 혼신의 노력을 기울이던 최준은 5.16 이후 당시 삼성물산 이병철 회장이 대구대학을 한강 이남에서 최고의 대학을 만들겠다는 제안을 받아들여 아무 조건 없이 그에게 학교 운영을 맡겼다. 그리하여 대학 이사회는 이병철을 이사장으로 추대하였고, 이후 학교는 잠시 활기를 되찾는 듯했으나 1967년 유명한 삼성의 '사카린 밀수사건'이 터졌다. 이 사건으로 온 나라가 시끄럽게 되자 이병철은 자숙하는 의미에서 모든 사회사업에서 손을 뗀다고 발표하면서 대구대학 이사장도 사퇴하였다.

대학은 존폐 위기에 처했다. 이때 당시 초빙교수로 대구대학에 있던 노산(鷺山) 이은상(李殷相)이 박정희 대통령과 친분이 두터웠다. 그리하여 이은상과 재단이사였던 대통령 비서실장 이후락이 대통령에게 이 내용을 전달했고, 대통령의 지시에 의해 대구대학과 청구대학은 최준의 반대에도 불구하고 통합을 결의해서 1967년 12월 5일 새롭게 태어난 것이 오늘의 영남대학교이다.

이렇게 해서 학교는 최준으로부터 떠나갔지만, 그렇다고 대구대학이 아주 없어진 것은 아니다. 해방 후 민립대학으로 설립된 대구대학교의 역사는 한국교육사의 역사 속에서 엄연히 살아 있는 사실이며, 구체적으로도 대구대학은 오늘날 영남대학교 속의 핵심으로 상존하는 것이다. 이것이 영남대학교의 명예이고 임무이다.

국채보상운동 주도

2018년 여름, '경주최부자민족정신선양회' 최창호 이사는 우연한 기회에 경주최부잣집 창고를 열었고, 그 안에 있던 큰 궤짝 세 개에서 누대에 걸쳐 켜켜이 쌓여져 있던 보물급 문서들이 쏟아져 나왔다. 그 문서들은 조선시대부터 일제강점기에 작성된 편지와 공문서, 명함, 서책 등 수만 가지 자료들이었다. 1972년 사랑채에 불이 나 급히 자료들을 모두 밖으로 꺼냈는데, 경황이 없다 보니 창고에 있는 큰 궤짝 속에 급하게 집어넣은 것들이었다. 그 문서들 중에는 1907년 나랏빚을 갚기 위해 봉기된 국채보상운동의 '경주국채보상운동 단연회'에 대한 이야기와 경주 지역 참여자의 명단과 성금액이 꼼꼼하게 적힌 자료도 있었다.

일제는 대규모의 차관을 제공하여 대한제국의 재정을 일제에 예속시키고 식민지 건설의 초석을 놓고자 했다. 국채보상운동은 부채를 해결할 능력을 상실한 대한제국 정부를 대신해, 민간에서 단연(斷煙)과 금주(禁酒) 등의 운동을 벌여 나라 빚을 갚고 국가의 위기를 헤쳐 나가자는 경제독립운동이었다. 1907년 2월 경주

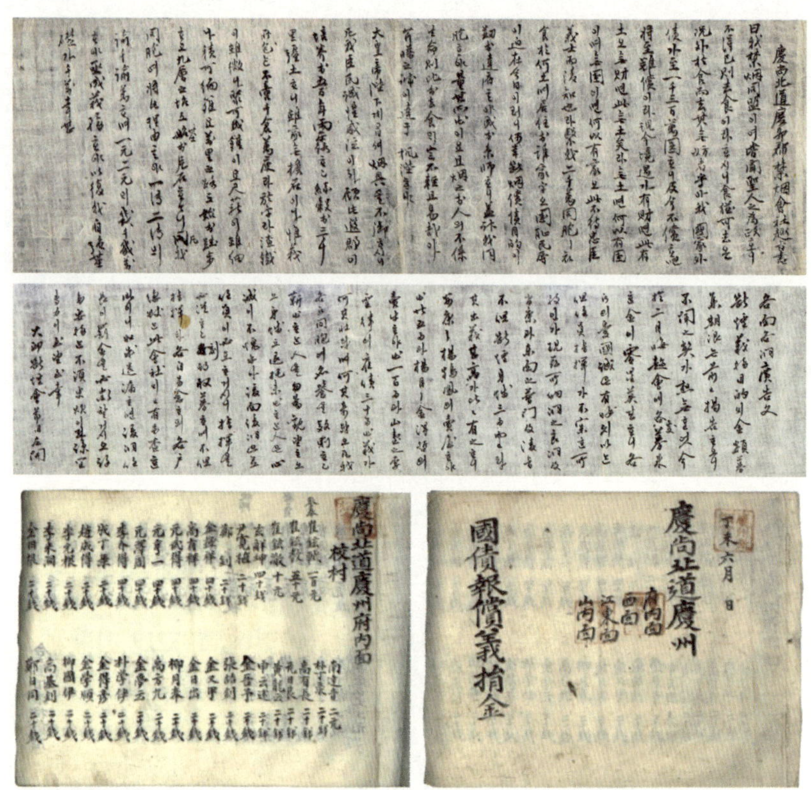

위로부터 국채보상운동 취지문, 국채보상운동 광고문, 1907년 6월에 작성한 경상북도 경주군의 국채보상운동 의연금 납부자 성명성책(姓名成冊).

에서 발의된 단연금 모금은 순식간에 전국으로 퍼져나갔으며, 민족 자본가와 지식인층을 비롯해 유림·상인·관리 등 각계각층의 광범위한 호응을 받았다. 특히 부녀자들이 앞장서 각종 패물을 의연금으로 내놓았으며, 노동자·기생·백정 등 하층민들의 참여도 두드러졌다.

경주의 국채보상운동은 그간 학계에서도 그 실상을 모르고 있

었으나, 최부잣집에
서 전해 오던 문서
가 발굴됨으로써 그
전모가 드러나게 되
었다. 전국 각지에
서 단연운동이 전개
되었으나 참석자들

보물급 문서들이 발견된 최부잣집 창고 궤짝

의 명부와 성금 액수가 기재된 의연금 성책, 취지서, 각종 공문
등 일괄문서가 발견된 것은 처음 있는 일이다.

경주에서는 1907년 3월 금연회사가 설립되었는데, 지역의 문
중들이 중심이 되어 경비를 분담하고 운동을 이끌었다. 조직이
공식화하기 이전인 1907년 초부터 모금이 시작되어 전국적으로
도 가장 빠르게 대중운동으로 확
산하였다. 경주군민 중 5,086명
이 3,250원을 모금하였으니 1차
명부 기준으로 전국 최다 규모이
며, 사실상 집집마다 참여한 유
례 없는 애국운동이었다. 11대
최부자인 최현식이 단연회의 회
장을 맡았던 것으로 보아 최부잣
집에서 경주 지역 국채보상운동
을 주도하였음을 알 수 있다.

11대 둔차(屯次) 최현식(崔鉉軾)

나라가 없으면 부자도 없다 경주최부잣집은 근현대사의 주요 사건과 관련하여 기억해야 할 역사의 현장이다. 최익현을 비롯해 신돌석, 이강연, 이중린 등의 의병장들이 서로 교유(交遊)하며 이곳에서 민족운동의 뜻을 모았으며, 대한광복회가 경북 우편 마차 습격을 모의하고 탈취한 세금을 은닉한 장소도 경주최부잣집의 사랑방이었다. 아울러 이 집안은 3·1운동의 주역인 손병희, 권동진, 최린 등과도 인연을 가지며 민족의식을 고취했다. 사진은 12대 최준의 동생 최완이 재정위원으로 활동한 대한민국 임시정부 신년 축하회 기념 촬영 사진(1920년 1월 1일).

元月元旦
祝賀會仝念撮影

최부잣집 우물에 얽힌 내력

경주 최부잣집 집안이 200년 세거지였던 내남면 이조리를 떠나 지금의 교촌으로 이주해 살게 된 것은 8대 용암(龍庵) 최기영(崔祈永, 1768~1834) 때에 이르러서였다. 그 전에 살던 내남면(內南面)은 조선시대에는 "경주부(慶州府)의 남쪽에 있다"라고 하여 부남면(府南面)으로 불리다가 1906년 일제의 통감 통치 시절에 시행된 행정구역 개편에 따라 지금처럼 내남면으로 불리게 되었다. 그 뜻은 역시 "경주부의 남쪽 안에 있다"라는 뜻이다.

내남면은 동쪽으로는 외동읍, 남쪽으로는 울산, 서북쪽으로는 산내면과 경계를 이루는 그 안쪽 지역이다. 이곳의 지형은 동쪽으로는 금오산과 고위산을 잇는 금오산맥(金鰲山脈), 서쪽으로는 단석산과 고헌산을 잇는 주사산맥(朱砂山脈)이 내남면을 가운데 두고 양쪽에서 남쪽으로 길게 뻗은 형국이며, 이들 산맥 사이에서 흘러내리는 물이 경주의 젖줄인 형산강의 발원지가 된다. 그리하여 예로부터 이곳은 수량이 풍부한 범람원(汎濫原) 지역이 되어서 토질이 비옥했기 때문에 일찍이 부촌(富村)이 되기에는 유리한 조건을 갖추고 있었다.

8대 최기영의 호 '용암(龍庵)'에서 따온 용암고택 편액

이 내남면의 이조리(伊助里)는 오늘날 최부자 집안의 시작이 되는 1대 정무공(貞武公) 최진립(崔震立, 1568~1636)이 들어와 살면서 개척한 마을로서 이후 200년을 살다가 8대 최기영 때에 이르러 교촌으로 이주해 갔으니 최부자 집안 400년 역사 중 절반이 이조리에서 이루어졌다고 볼 수 있다. 이곳에서 최부자 집안은 농사를 짓기에 유리한 풍수지리적 조건을 바탕으로 혁신적인 농법을 도입하고 아울러 주변의 이웃들과는 선린(善隣)의 관계로서 인정을 베풀면서 막대한 부(富)를 쌓았다.

오늘날 풍수지리 전문가들은 물이 풍부한 이조리를 '행주형(行舟形)' 지형이라고 한다. 마을의 생김새가 "배가 물 위에 떠서 흐르는 형국"이라는 뜻이다. 그런데 행주형 지형은 재산을 많이 증식할 수는 있지만, 일단 재산을 증식하고 난 후에는 떠나야 한다고 한다. 왜냐하면 재산이 많이 쌓이면 쌓일수록 마치 배 밑바닥에 짐이 많이 쌓인 것처럼 가라앉을 위험이 있기 때문이라는 것이다. 아울러 이런 지형을 가진 마을에서는 우물을 파면 배 밑바닥에 구멍이 나서 가라앉는 형국이기 때문에 함부로 우물을 팔 수도 없는 곳이라고도 한다.

경주 최부자 집안이 이조리를 떠나 교촌으로 들어와 살게 된 과정은 6대 최종률(崔宗律, 1724~1773) 때에 교촌에다 땅을 매입하고, 그 아들 7대 최언경(崔彦璥, 1743~1804)이 이주 작업을 하고, 8대 최기영 때에 이르러 마침내 이주를 마치게 된다. 이들이 이주를 결심한 데에는 점점 더 부(富)가 쌓여가면서 원래 터전인 이조리가 좁기도 하고 또 성내(城內)까지 가자면 멀기도 한 이유도 당연히 있었겠지만 여기에 덧붙여 앞서 말한 풍수지리적 배경도 분명 있었다. 왜냐하면 조선시대는 풍수지리학의 가히 전성기로서 최부자 후손들도 이주지를 교촌으로 결정할 때 풍수지리적 조건을 충분히 고려해서 결정했다는 기록들이 여러 문헌에 남아 있기 때문이다.

그런데 최근 흥미로운 사료(史料)가 하나 발견되었다. 8대 최기영이 1834년(순조 34년)에 세상을 떠나면서 고인(故人)의 행장(行狀)을 지을 필요가 있었는데, 후손의 부탁으로 경주 양동마을의 이정기(李鼎基)라는 선비가 지은 것이 그것이다. 원래 행장기(行狀記)라는 것이 그러하듯, 이정기가 지은《성균 생원 용암 최공 행장

(成均生員龍庵崔公行狀)》도 고인의 일생 행적을 기록한 것임은 다르지 않으나 특히 눈길을 끄는 것은 행장기 속에 나오는 "辛卯卜 (신묘복) 新居于汶水上(신거우문수상) 盖以文昌侯舊井而爲子孫奠基計也(개이문창후구정이위자손전기계야)"라는 대목이다. 풀이하면 "신묘년(1831년, 순조 31년)에 문수(汶水, 지금의 경주 남천(南川)) 가에 새로 살 곳을 잡았는데, 이는 문창후(文昌侯)의 옛 우물을 가지고 자손을 위한 기초를 닦을 계획이었다"라는 뜻이다.

여기서 '문창후(文昌侯)'는 경주 최씨의 시조가 되는 고운(孤雲) 최치원(崔致遠, 857년~908년?)의 시호(諡號)이다. 즉, 8대 최기영 때에 이르러 최부자 집안이 200년 세거지였던 이조리를 떠나 새로 이 교촌에 들어와 살게 된 배경에는 문중의 시조가 되는 최치원의

吾亡友崔翊之上舍歿暮年余始以寂寞數句語哭
諸汶陽新居將歸其孤世麟抱公遺事一通託余至
垂涕既而書又懇爲有不可以不文辭者遂按其錄
而略爲之櫽括爲公諱祈永翊之其字也號龍庵汶
梁之系盖出於文昌侯諱致遠而遠矣之世入我鮮
有諱汭官司成六世而至諱震立　宣祖壬辰倡義
錄勳　仁廟丙子勤王立殣　贈判書謚貞武於公
爲七世祖生諱東亮號松亭縣監生諱國璿參奉生
諱義其曾祖諱承烈祖諱宗崔成均進士考諱彥璲
治家有法訓子有方妣安東權氏冲齋先生諱橃後
士人正龍之女繼妣平山申氏節度使益恬孫嵩南
處士光翼女柔婉有婦德母儀公申氏出也戊子三
月二十日舉于仁同若木外氏第嵩翁書賀進士
公曰此兒骨格必成異日令器幼聰敏異凡及長就
學于芝岑柳公榮曾柳公亦亟稱爲處士公爲築南
岡書塾以居子姪門少才可成就者與之篤課旣冠
往來花宣間朋遊益廣聞見漸博爲士友所推翊公
天姿雅潔器度峻整律己以嚴接人以簡居家內外
斬斬如也確有操守人莫能撓奪尤慎於樞機平居
寡默未嘗以言獲譴遇會意人披露娓娓有規輒受
此其從善之量也實朋之東西過從日事親旁午而舉
皆接待以禮咸推爲南道主人事親極意承順雖細
事必稟而後行甲子遭外艱終三年不脫經帶乙亥
後喪亦如前準禮其遇喪餘及時節展省孺墓之誠
至老不衰累世墳墓碣次第紀靡不用極以至
外祖嵩翁墓表亦捐金使之竣事我東文字有關於
先蹟如近世黃江漢景源所著尊周錄力求騰來並

성균 생원 용암 최공 행장기(成均生員龍庵崔公行狀記)

집에 있었던 '옛 우물(舊井)'을 기반으로 후손 만대의 안녕과 융성을 위한 발판으로 삼을 것이라는 원대한 포부가 있었다는 뜻이다.

예로부터 우물은 민간신앙에서 "용왕(龍王)이 사는 곳"이라 하여 정기적으로 우물에 제사를 지내는 등 매우 신성시 여겼다. 경주에는 우리나라에서 가장 유명한 1천 년이 훨씬 넘는 우물이 지금까지 하나 남아 있는데 김유신의 집터에 있었다는 재매정(財買井)이 그것이다. 이렇듯 과거 전통 농경사회에서의 우물은 단순히 물을 길어 올려 먹는 그 이상의 신앙적인 의미가 있었다.

양동마을 선비 이정기가 쓴 행장기에 의지한다면 최기영이 교촌으로 이주할 당시에 그 집터에는 최치원이 쓰던 우물이 있었던 자리였고, 여기서 한 발 더 나아가면 그곳은 최치원의 집터가 있었던 자리였다고도 해석할 수 있다. 그럼 과연 행장기 속에 나오는 우물이 있기는 있는 것인가?

현재 경주 최부잣집 안채 마당에는 우물이 하나 있다. 그러나 이 우물은 최기영 사후 훨씬 후대에 새로 판 것이다. 그런데 또 하나의 우물이 있다. 한때 교촌마을 경로당으로 쓰였던 건물 본채 뒷마당에 있는 우물이 그것이다. 이 뒷마당과 경주 최부자 고택과는 지금은 담장으로 구분되어 있지만 원래는 이 건물이 있는 땅도 최부잣집 마당이었다. 그러던 것이 일제강점기 마당의 일부를 떼내어 행정 업무를 보는 동회(洞會) 용도로 쓰기 시작했고, 그것이 해방 이후에도 바뀌지 않고 이어져 동사무소로 쓰이다가 오늘에 이른 것이다. 만약 이 담장이 없다면 이 우물은 최부잣집의 곳간 앞마당에 놓인 우물이 된다. 지금 한눈에 보아도 견고하고 짜임새 있게 만들어진 이 우물은 사실 얼마 전, 경주의 명물로 유명한 '교리김밥'이 번듯한 건물을 지어 옮기기 전까지만 하더라도 이 우물에다 PVC 파이프를 박아 넣고 펌프로 물을 퍼올려 용수(用水)로 사용해왔다.

그럼 이 우물이 행장기 속에 나오는 과연 그 우물일까? 현재로서는 이 우물이 유일하다. 그러나 행장기가 씌어진 것도 벌써 200년 전의 일이며, 그사이 또 어떤 사연과 곡절이 있어서 또 다

른 우물이 있었다가 없
어졌을지도 모를 일이
지만 그런 사실들을 증
언해줄 사람들은 벌써
아주 오래전에 세상을
떠났다.

만약 이 우물이 행장
기 속에 나오는 그 우
물이 맞다면 이 우물은
최치원이 쓰던 우물로
서 이는 경주 최씨 시
조의 집터이자 우물이
라는 해석도 불가능한
것은 아니다.

최부잣집 안채 뒷마당에 있는 우물(위) / 교촌마을 경
로당으로 쓰였던 건물 본채 뒷마당에 있는 우물(아래)

그러나 향촌의 한 선비가 지은 행장기에만 근거해서 주장하는
것에도 무리가 없지 않다. 앞으로 이와 관련된 사료나 유물이 더
욱 발견되어서 이 사실을 보다 더 뒷받침해주기를 바라는 한편으
로 현재 소홀히 다루어지고 있는 이 우물의 보존 및 관리에 더욱
관심을 기울일 필요가 있다고 보는 것이다.

비보림(裨補林), 교촌을 지켜주던 숲

교촌을 지켜주는 숲이 있다. 일제강점기 교촌 사진을 보면 마을 뒤로 울창한 숲이 보인다. 일제 총독부가 펴낸『조선의 임수』(1938)에도 '교리택목(校里宅木)'이라는 이름으로 나온다. 마을 북서쪽에 길이 200미터의 '╔' 모양으로 느티나무, 회화나무로 가득찬 울창한 숲이 있었다. 이곳은 최부잣집 후원(後園)으로도 불렸는데 지금은 옛 모습을 잃고 고목이 열 그루쯤 남아 이 마을의 역사를 말없이 보여주고 있다.

1779년, 최부잣집이 경주 내남면에서 교촌으로 이사 온 뒤 큰 집을 지으려고 하자 바로 옆 경주향교 유림들은 심하게 반대했다. 만석꾼 부자가 크고 웅장한 집을 지어 향교의 위상을 해칠 것으로 생각했기 때문이다. 최부잣집은 향교보다 낮고 검소한 집을 짓겠다고 하여 그들을 안심시켰다. 우선 집을 짓기 전에 많은 흙을 파내서 향교보다 낮게 집터를 만들었다. 기둥도 한 자(약 30센티미터) 이상 잘라냈다. 이렇게 해서 아담하고 소박한 만석꾼 최부잣집이 지어졌다.

이 집을 방문하는 관광객 중에는 대궐 같은 만석꾼 집을 기대했

경주읍내전도(1798)에 나타난 교동 마을(점선 안). 내남에서 이사 온 때(1779년)로부터 약 20년 뒤 모습. 향교 바로 옆에 아직 최부잣집을 신축하기 전이고, 교촌의 비보림도 조성되기 전의 모습이다.

교촌마을의 비보림(裨補林)

다가 "만석꾼 집이 왜 이렇게 초라해!"라며 실망하는 사람들까지 있다. 이분들은 항상 검소하고 이웃과 상생한 최부자 정신을 잘 모르는 것이다. 향교 유림들도 최부잣집의 이웃이다. 최부잣집은 늘 이웃의 사정을 이해하고 상생했다.

집터에서 파낸 많은 양의 흙은 집 뒤로 옮겨졌는데 그곳이 마을 숲이 된 후원이다. 뒤에는 산이 있고 앞으로 냇물이 흐르는 곳을 배산임수 지형이라 하여 풍수적으로 완전한 곳으로 여긴다. 뒷산이 없는 교촌마을은 풍수적으로 불완전한 곳이다. 그래서 집터에서 파낸 흙을 마을 뒤로 옮겨 언덕을 만들고 나무를 심어 불완전함을 보완했다. 집터를 낮춰 향교 유림들의 우려를 불식시키고 그 흙으로 배산임수 지형을 만들었으니 일석이조(一石二鳥)의 일을 한 것이다.

부족한 부분을 보완하는 것을 '비보(裨補)'라 한다. 비보한 곳에 만든 숲을 비보림이라 하는데 최부잣집 비보림은 교촌을 지키

교촌마을을 지켜주었던 비보림도 지금은 파괴되어 흔적만 남았다

는 숲이 되었다. 그런데 세월이 지나 일본이 한국을 강점하자 수백년 비보림도 파괴되기 시작했다. 대포 생산을 위해 일본이 계림의 고목을 징발하겠다고 하자 최부잣집은 이를 막으려고 비보림의 나무들을 대신 내어 주었다. 이때 많은 나무가 잘려 나갔고 목재로서 가치가 떨어지는 나무들만 남았다. 1958년에는 한국전쟁 중에 불탄 진주 촉석루 복원을 위해 남아 있는 나무들까지 벌채될 뻔한 일도 있었다.

비보림의 나무들이 베어진 자리는 경주에 있는 두 학교의 개교와 관계가 있다. 1940년 황남초등학교가 비보림 빈터에 가교사를 짓고 임시 개교했고 1952년에는 선덕여자중학교의 전신 (구)계림중학교가 향교에서 개교했을 때 이곳을 운동장으로 사용했다. 이때마다 비보림 고목들이 조금씩 더 잘려 나갔다.

이제 마을을 지키던 숲의 나무들이 몇 그루 남지 않았다. 최근 비보림의 현실을 보다 못한 최부잣집이 나무를 심기 위해 임대료를 낼 테니 빌려달라고 하자 이곳을 소유한 영남대는 일언지하에 거절했다고 한다. 최부자 고택과 비보림, 친척들 집까지 소유한 영남대는 1980년대 박근혜 이사 시절, 최부잣집이 기부한 많은 부동산을 팔아 치웠다. 2017년에는 과거 최부잣집 땅에 경주시가 월정교 주차장을 조성함에 따라 영남대는 막대한 보상을 받기도 했다. 그럼에도 영남대는 지금까지 훼손된 비보림에 나무 한 그루 심지 않았다.

　최부잣집은 언제부터 법주를 빚었을까? 궁중 법식(法式)대로 만들었다 해서 법주라고 하는 이 술은 원래 한양 궁궐의 술인데 최부잣집 가양주가 된 것은 3대 최부자 최국선이 젊었을 때 임금님 수라상을 책임지는 사옹원 참봉으로 일했기 때문이다. 최국선이 17세기 중반에 경주로 돌아왔으므로 최부잣집 법주 역사는 적어도 350년 이상 된다.

　최부잣집은 경주시 교동 69번지에 있는데 바로 옆집 교동법주의 주소도 이와 같다. 교동법주 집은 1779년 경주 내남면 이조리에 있던 최부자의 집을 해체하여 이곳에 옮겨 지은 것이다. 그러므로 최부잣집이 교동에 이사 와서 지은 첫 집이라고 할 수 있다. 이 집 앞 교동법주 간판에 적힌 국가중요무형문화재 제86-3호는 대단히 명예로운 것이다. 1986년에 문배주, 면천 두견주와 함께 국가중요무형문화재로 지정되었는데 가양주 중에서 국가에서 지정한 중요무형문화재는 아직도 이 세 가지뿐이다. 무형문화재로 지정된 가양주들은 거의 대부분 지방무형문화재이다. 많은 전통주 매니아들이 교동법주를 접한 것이 가양주의 매력에 빠진

최부잣집 법주 역사는 적어도 350년 이상의 전통을 가지고 있다.

계기가 되었다고 말할 정도로 그 위상이 높다. 이 술은 밑술 만드는 데 10일, 덧술 발효에 60일, 맑은 술로 거른 후 30일의 숙성을 거친다. 밀가루와 밀기울을 혼합한 밀누룩을 사용하고, 쌀은 진미(眞米), 즉 찹쌀로 고두밥을 쪄서 덧술을 담그는 데 사용한다.

최부잣집 법주를 공장식으로 만든 술이 경주법주인데 공장에서 법주를 만들게 된 계기는 박정희 대통령의 지시 때문이었다고 한다. 1970년대 초 '죽의 장막' 속 베이징을 방문한 닉슨에게 마오쩌둥은 마오타이를 만찬주로 내놓았다. 이것을 본 박대통령은 우리도 국빈 만찬주로 전통주를 내놓아야 하지 않겠느냐며 적당한 술을 준비하라고 지시했다. 이때는 가양주 제조가 금지되어 있어서 공장에서 법주를 만들 수밖에 없었는데 경북지역 주류회

교동법주 집 안마당

사인 금복주가 이것을 생산하게 되었다. 다른 일설에는 1972년 평양을 다녀온 이후락 중앙정보부장이 북한이 전통주를 만찬주로 내놓은 것을 보고하자 우리가 사용할 만찬주로 경주법주를 만들도록 박정희대통령이 지시했다고 한다. 지금은 청와대 만찬주로 다양한 전통주가 사용되고 있다.

법주는 달고 향이 좋아서 여러 잔 쉽게 마시게 된다. 술자리에서 일어날 때쯤 '앉은뱅이'가 되는 것은 한산 소곡주와 같다. 비록 자리에서는 일어났다 할지라도 집으로 돌아가면서 술기운이 퍼져 취하게 된다. 옛날 최부잣집에서 술대접을 받고 집으로 돌아가던 손님들은 5백미터쯤 떨어진 첨성대 근처부터는 잘 걷지 못하고 심하게 비틀거렸다고 한다. 전통 누룩이 만든 독특한 향과 맛, 그리고 편안하게 퍼지는 술기운 때문에 법주는 여러 잔 마시게 되는데 자신의 주량을 생각해서 과음하지 않도록 해야 한다.

남천과 문천(蚊川), 문천(汶川)과 필재정

교촌마을 앞을 흐르는 잔잔한 냇물. 사람들은 그 이름을 남천(南川) 또는 문천이라 한다. 문천(蚊川)은 '모기내'라는 뜻이지만, 모기와 관련된 이름이 아니라 '몰기내(모래내)'를 한자로 잘못 옮겨 생긴 이름으로 짐작된다. 경주 사투리로 '모래'를 '몰기'또는 '몰개'라고 하기 때문이다. 문천은 냇물이 너무 맑아 "물이 아래

'남천' 또는 '문천'이라고 불리는 교촌마을 앞을 흐르는 냇물

교촌마을 숙연당(肅然堂)

로 흐르는 게 아니라 모래가 거꾸로 흐르는 것" 같이 보였다고
한다. 신라팔괴(경주의 8가지 괴이한 현상) 중 하나인 '문천도사
(蚊川倒沙)'라는 말은 이렇게 생겨났다. 남천의 또 다른 이름은
'문천(汶川)'인데 '문천(蚊川)'을 '모기 냇물'로 오해할 수 있다고
생각해서 발음이 같은 '문천(汶川)'으로 고상하게 바꾼 것으로
보인다.

교촌에는 숙연당이라는 서당이 교동 64-1번지에 있다. 이곳을
수리할 때 이 서당의 원래 이름이 필재정(必在亭)이었다는 상량
문이 나왔는데 이것을 보면 문천(汶川)이라는 이름을 어떤 의미
로 붙였는지 알 수 있다.

영천 선비 이후(李垕, 1870~1934)라는 분이 경주를 유람하면

서 교촌마을에 들러 '마지막 최부자' 최준(崔浚, 1884~1970)의 정자에 올랐다. 이때 최준은 그에게 정자의 이름 '필재정'은 자신이 지은 것이 아니고 원래부터 있었던 이름이라고 말한다. 그러자 이후는 '필재(必在)'라는 이름과 문천(汶川)의 유래를 논어 옹야(雍也)편을 인용하며 회고한다.

공자 제자 중에는 제후들의 가신이 된 사람이 많았다. 이들과 반대로 증자(曾子)나 민자건(閔子騫)처럼 권력에 빌붙지 않고 오로지 훌륭한 선비가 되려고 한 제자들도 있었다. 노나라 권력자 계씨는 민자건에게 사람을 보내 그를 비읍(費邑)이라는 큰 고을의 재상으로 임명하려고 했다. 민자건은 단호히 사양하면서 "또 다시 나를 부른다면 나는 반드시 문상(汶上)에 있을 것이다"라고 말했다.

'문상(汶上)'은 '문수(汶水)'로 노나라와 제나라 사이의 있는 강이다. '필재(必在)'라는 말은 '반드시 (문상에) 있을 것'이라는 말인데, 권력자가 자신을 또 부른다면 절개를 지키기 위해 다른 나라로 가겠다는 선비의 기상을 뜻하는 말이 되었다. 이 고사를 회고하면서 이후는 최준에게 민자건을 본받아 덕을 쌓고 학업에 힘쓸 것을 당부했다고 한다. 문천(汶川)과 필재정(必在亭)은 이곳 유림들이 붙인 것으로 짐작되는데, 경주향교와 사마소 옆을 흐르는 냇물에 어울리는 이름이 아닐 수 없다.

석조 수조와 금관고

　　최부잣집 마당에는 신라시대 석조 수조가 있다. 수조의 둘레에는 연꽃잎이 비대칭으로 새겨져 있는데 예술성이 매우 높은 작품이다. 크기는 길이 1.5m, 폭 1m, 높이 1m 정도 되는데, 월성 안에 있던 서당에 있었다고 한다. 신라 유적 보존에 노력했던 최준은 이를 발견하고 그 서당을 사들였다. 수조 때문에 집 전체를 산 것이다. 그 뒤 사람들은 이 수조 가격을 집 한 채 값이라고 했다. 경성방직을 설립하고 보성전문(현재 고려대학교)을 인수한 인촌 김성수는 몇 번이나 이 수조를 달라고 했는데 최준은 번번이 이를 거절했다 한다. 그 수조를 경주에 그대로 두고 싶었기 때문이었다.

　　최준은 신라유물을 경주에 두기 위한 운동에 앞장서게 되는데 1921년에 발견된 금관총 금관의 경주 유치운동이 그것이다. 조선총독부는 대외선전용으로 이 금관을 경성의 총독부박물관에 두려고 했는데 경주에서 유치운동이 크게 일어나자 매우 당황했다. 3.1운동이 일어난 지 불과 3년 뒤에 이 움직임 일어났기 때문에 사태 확산을 우려한 총독부는 곧바로 경주 유치를 약속했다.

최부잣집 마당에 있는 신라시대 석조 수조

금관을 경주에 유치하기 위해서는 선결 과제가 있었다. 바로 금관을 보관할 현대식 시설의 건축이었다. 경주 유지들과 지역민들은 이 시설을 지으려고 성금 모금에 나섰다. 결국 모금 운동으로 건축비를 확보할 수 있었는데, 이때 가장 많은 성금을 낸 사람은 '마지막 최부자' 최준이었다. 그는 당시 경주 군민을 대표하는 위치에 있었다.

이때 모금된 성금 중 많은 금액이 폭이 넓은 독일제 유리를 수입하는 데 사용되었다. 그것은 당시 일본이 폭 30cm 유리밖에 만들지 못했기 때문이었다. 1923년 금관고가 완공되자 총독부박물관은 경주로 금관을 되돌려 보냈다. 금관고는 이때부터 오랜 기간 동안 금관을 보관했는데 지금의 국립경주박물관이 완공될

옛 경주박물관 모습. 왼쪽으로 금관고가 보인다.

때까지 52년 동안 그곳에 있었다. 아쉽게도 경주사람들의 정성으로 만든 금관고는 지금 남아 있지 않다. 1978년에 철거된 것이다. 신라 금관의 가치를 돈으로 따질 수는 없겠지만 경주사람들의 모금으로 만든 금관고의 가치도 이에 못지않을 것이다. 시민들의 의견을 물어보고 결정했더라면 어땠을까 하는 아쉬움이 남는다.

최부잣집의 유물 재활용

최부잣집 큰 사랑채 앞에는 기묘한 석조물이 있다. 아래쪽은 분명 석등인데 윗부분이 전혀 석등과 다르다. 이렇게 윗부분이 평평한 석등 같은 것을 정료대(庭燎臺)라고 한다. 서원이나 사찰에서 야간행사가 있을 때 관솔이나 송진으로 불을 피우던 시설이다. 관솔대라고도 한다.

석등은 아래쪽에서부터 지대석, 하대석, 간주석, 상대석이 있고, 그 위에 석등 부분인 화사석과 옥개석을 올려서 완성한다. 그런데 최부잣집 정료대는 지대석, 하대석, 간주석까지만 있고 그 위에 삼층석탑의 옥개석을 얹어 완성했다. 원래 한 세트가 아니라 파손된 석등과 석탑의 부분품을 조합해서 만든 것이다. 만석꾼 부자가 정료대를 새로 잘 만들어 정원에 둘 법도 한데 다른 석재 부분품으로 만든 것이 특이하다. 또 이렇게 만든 정료대를 가장 눈에 띄는 곳에 둔 것은 사치를 멀리하고 검소함을 추구하는 최부자다운 발상이라 할 수 있다.

많은 과객들이 찾아왔던 최부잣집은 해가 저문 뒤에도 큰사랑채, 작은 사랑채, 행랑채에 여전히 사람들이 붐볐다. 그래서 정료

최부잣집 정료대(庭燎臺)

대 위에 관솔불을 피워 마당을 환하게 밝혔다. 정료대의 위의 관솔불은 목조 한옥에 옮겨붙어 집을 태울 수도 있다. 이렇게 위험한 관솔불을 삼 백년 동안 피웠는데 최부잣집에는 큰 화재가 없었다. 최부잣집을 찾아온 많은 과객들이 늘 지켜본 때문일 것이다. 그런데 1970년에 처음으로 큰 화재가 나서 큰 사랑채와 작은 사랑채가 불탔다. 이때는 300년 만석꾼 부(富)도 끊기고, 집마저 영남대로 넘어갔을 때였다. 찾아오는 과객도 없고 정료대 위에 관솔 불도 피우지 않았다. 불이 난 것은 아마도 정료대 위의 위험한 관솔불 때문이 아니라 아무도 최부잣집을 찾지 않는 무관심 때문은 아니었을까?

교촌에 피신했던 신돌석 장군

교동에 전해오는 유명한 전설 중에 신돌석(申乭錫, 1878~1908) 장군 이야기가 있다. 장군은 경북 영해에서 을미의병으로 창의했다가 해산한 후, 경주·울산 등 여러 곳을 돌아보면서 민심을 살펴본 적이 있었다. 경주에는 1902년에서 1903년 사이 1년여를 교촌 최부잣집에 머물렀는데 신돌석 장군은 이때 몇 가지 이야기를 남겼다.

첫 번째 이야기는 최윤 고택(교동 59-2번지)의 건축 당시 목재 운송에 대한 것이다. 당시 교촌에서는 집을 짓기 위해 경주 내남면 박달리에서 나무를 벌채한 후 뗏목으로 엮어 운송해왔다. 형산강 강물을 타고 오릉까지 와서, 문천으로 방향을 바꿔 교촌까지 거슬러 올라왔다. 그런데 교촌 앞에 도착해서

신돌석 장군

도 강둑 위로 큰 목재들을 올려놓는 것은 어려운 일이었다.

최부잣집 일꾼 여러 명이 아주 큰 목재를 끌어 올리려다 실패하는 것을 본 신돌석 장군은 그들을 물러서게 한 후 혼자 힘으로 목재들을 차례로 끌어 올렸다. 일꾼들과 주위에 구경 나온 사람들이 모두 탄성을 질렀다고 한다. 교촌 최윤 고택 상량문이 2018년 발견된 최부잣집 수만 점 문서 속에 있었다. 이 상량문은 당시 최부자 최현식의 둘째 아들 최윤의 집을 지을 때 사용된 글이다. 집이 지어진 연대를 통해 신돌석 장군이 교동에 있었던 시기를 확인해 볼 수 있는 귀중한 자료이다.

두 번째 이야기는 신돌석 장군을 과소평가한 어느 장정에 대한 것이다. 이 사람은 마을에서 꽤나 힘을 쓰는 사람이었다. 힘센 신돌석 장군에 대한 소문으로 동네가 떠들썩 하자 그의 시기심이 발동했다. 하지만 장군의 늠름한 태도에 정정당당하게 도전해볼 엄두를 못 냈다.

그러던 어느 날, 신돌석 장군이 긴장을 놓고 있는 사이에 급작스럽게 장군을 힘껏 밀쳤다. '힘이 세면 얼마나 세겠어! 이렇게 갑자기 공격하면 천하장사라도 땅바닥에 내동댕이쳐질 거야!' 하지만 그렇지 않았다. 장군은 밀려 넘어지면서도 상대 소매를 붙잡아 당겼다. 눈 깜짝할 사이에 중심을 되찾고 장정을 집어던져 버렸다. 장군을 넘어트리려다 되려 나가떨어진 그는 발목이 부러졌다. 주변 사람들이 그를 급히 업고가 응급조치했다. 부목을 대고 치료한 덕에 얼마 뒤 어느 정도 회복되었다. 그런데 그의 발

현재 음식점 '요석궁'으로 쓰이고 있는 건물은 최현식의 둘째 아들 최윤의 집이었는데, 이 집을 지을 때 지은 상량문을 통해 신돌석 장군의 피신 시기를 확인할 수 있다.

은 정상적으로 돌아오지 못했다. 부러진 발이 잘못 붙어서 뒤쪽으로 많이 돌아가 버린 것이다. 발가락이 거의 뒤쪽으로 향해 있었다고 한다. 그는 1960년대까지 살았는데 나이 들어서도 잘못 붙은 발을 바로 잡지 못한 채로 지냈다.

"태백산 호랑이를 맨손으로 잡았다" "바위를 공깃돌처럼 갖고 놀았다" "맨손으로 놋화로를 찌그러뜨렸다" "높이 뛰어서 객사 담장을 훌쩍 넘었다"라고 하는 신돌석 장군에 대한 많은 설화가 전해진다. 사실 여부를 따지기엔 너무 전설 같은 이야기들이다. 하지만 경주 교촌의 신돌석 장군 이야기는 자료와 실존 인물들로 그 사실이 뒷받침되고 있다.

대한제국 황실에서 일본을 가장 반대했던 인물은 의친왕(義親王) 이강(李堈, 1877~1955)이다. 그는 1907년 북한산성에서 문관 3명, 군관 105명, 민간인 120명을 모아놓고 지방으로 내려가 의병을 일으킬 것을 촉구했다. 이들 중 일부는 실제로 의병을 일으켰다. 그해 8월 군대가 강제 해산되자 시위대 대대장 박승환이 자결하고 많은 해산 군인들이 무장 봉기하여 일본군과 싸운 후 각지의 의병부대로 합류했다. 정미의병은 전국으로 확대되었는데 이에 위협을 느낀 일본군은 학살, 방화, 약탈을 자행했다.

일본은 항일 의병 활동이 가장 활발했던 전라도에서 1909년 9월부터 10월 말까지 두 달 동안 '남한폭도대토벌 작전'을 벌인다. 일본이 해군 함정까지 동원하며 악랄하게 의병들을 탄압하는 동안 의친왕은 지방 부호들을 찾아다니며 의병 지원과 독립운동에 나서 줄 것을 촉구했다. 1909년 가을 의친왕은 최부잣집을 방문했다. 그는 최현식과 최준에게 의병을 지원해 달라고 부탁했다. 당시 최부자가 의병을 지원한다는 것은 공공연한 비밀이었다. 자신을 의병이라고 하면서 최부자에게 직접 자금을 가지고 언제

어디로 나오라는 식의 익명의 편지가 배달될 정도였다. 의병들이 펼치던 유격전은 경술국치 후에도 계속되었다. 의친왕 역시 나라를 잃고도 국권회복을 위한 노력을 계속했다.

의친왕 이강

의친왕은 손병희를 만나 국권 회복 방안을 의논했고 1915년에는 신한혁명당과 함께 폐위된 고종 황제를 베이징으로 망명시키려고 했다. 1916년에 대한독립의군부 사건으로 체포된 총사령관 임병찬이 거문도에서 순절하자 추모 제문을 써 보냈다. 이렇게 적극적인 반일활동을 하던 의친왕을 일본은 일급 요시찰 인물로 감시했다.

1919년 3.1운동 직후 김가진, 전협(全協) 등은 대동단을 창설하고 의친왕을 임시정부로 망명시키는 계획을 세운다. 그의 망명으로 일본의 모든 선전이 거짓임을 전 세계에 알리려고 했다. 의친왕은 1919년 11월 20일, 독립신문에 "독립되는 나라의 평민이 될지언정 일본의 황족 되기를 원치 않는다"라고 했다. 의친왕은 변장하고 압록강 너머 단동까지 갔지만 그곳에서 체포되고 만

순정효황후의 옛 경주박물관 방문 모습

다. 이 과정에서 최부자 최준은 이전부터 친분이 있던 의친왕과 김가진의 망명을 위해 그 계획을 실행한 전협을 지원했고 그뒤에도 전협이 태평양회의에 가도록 자금을 제공했다.

의친왕은 일제강점기에 최부잣집에 한 번 더 방문했는데 이때 최준에게 '문파(汶坡)'라는 호를 지어주었다고 한다.

대한제국 황실에서는 순정효황후와 덕혜옹주도 최부잣집을 한 번씩 방문했다. 순정

김가진의 대례복 차림

효황후는 경주 군청과 옛 경주박물관을 관람한 뒤 최부잣집으로 왔는데 환영 연회 자리가 망국의 설움으로 울음바다가 되었다고 한다. 의친

전협(全協)의 수형카드

왕의 여동생 덕혜옹주는 1929년 일본으로 돌아가는 길에 최부잣집에 하루를 묵고 갔다는 이야기가 전해진다.

스웨덴 왕세자 구스타프의 교촌 방문

　　1921년 금관총에서 신라 금관이 발견된 지 2년 뒤 바로 근처 금령총에서도 금관이 나왔다. 당시 신라 고분들은 너무 오랜 세월이 흘러 민가들 속에 파묻혀 있었다. 금관총도 흙무더기로 알고 있다가 민가의 집수리 때문에 파헤쳐지면서 발굴이 시작되었다. 금령총은 이미 절반 이상이 훼손되어 있다가 금관총 발굴을 계기로 주변 몇 개 고분을 더 조사하는 과정에서 금관과 금방울, 기마인물상이 나왔고 바로 옆 식리총에서는 금동으로 만든 신발과 자작나무 껍질로 만든 모자 같은 유물들이 나왔다. 하지만 고고학 발굴 경험이 부족했던 조선총독부는 '금관 출토'라는 뉴스를 사방에 내보내면서도 문화재 약탈과 체제 선전에만 몰두한 나머지 방대한 유물 수습을 불과 며칠 만에 해치웠다. 한마디로 날치기 발굴이었다.

　　1926년 10월 서봉총을 고분인 줄 모르고 이곳의 흙과 돌을 파내어 당시 경주역(현재 서라벌문화회관)의 기관차 차고 공사를 하게 되었다. 공사가 시작되고 얼마 지나지 않아 현장 사람들은 이곳이 그냥 흙무더기가 아니라 금관총이나 금령총과 같은 고분이라는 것을 깨닫게 되었다. 이 사실이 조선총독부 박물관에 보고되자 발굴 책임자가 서울에서 내려왔다. 그런데 고분이라는 것을 알고 나서도 지상의 흙과 돌을 모두 공사장으로 옮겼다. 처음부터 그것들로 봉분을 복원할 생각은 없었던 것이다.

칼 구스타프 스웨덴 국왕

조선총독부가 발굴했던 고분들은 지금도 봉분이 없다. 그들은 이전 몇 차례 발굴과 다름없이 유물 수습에만 열을 올렸다. 흙을 파 내려가던 중 반짝이는 금관 일부가 확인되자 이 사실은 바로 보고되었는데 조선총독부는 당시 일본을 여행 중이던 스웨덴 왕세자 구스타프 아돌프에게도 이 소식을 알게 해서 참여를 유도했다. 고고학을 전공했던 그는 흔쾌히 이 발굴에 동참하겠다고 했다.

구스타프 왕세자 일행은 일본에서의 일정을 중단하고 부산항으로 입항했다. 당시 조선 총독 사이토 부부는 부산항까지 가서 왕세자 일행을 영접했다. 다음날 왕세자가 발굴 현장에 도착해서 흙을 조심스레 걷어내자 찬란한 금관이 나타났다. 구스타프는 "왕세자님, 손수 금관을 들어내시지요"라는 말에 따라 떨리는 손으로 금관을 들어 올렸다. 그의 떨리는 손 때문에 금관에 붙은

서봉총 발굴에 참여한 구스타프 스웨덴 왕세자

장식과 곡옥들이 찬란한 빛을 내며 흔들렸다.

금관 발굴은 마치고 구스타프 왕세자는 경주박물관으로 가서 신라 유물을 관람하고 전나무를 기념으로 심었다. 일행은 늦은 오후 교동 최부잣집으로 자리를 옮겼다. 솟을대문을 지나 정원에 들어서자 만발한 가을 국화가 그들을 맞이했다. 큰사랑채 누마루에 둘러앉자 전통음식으로 가득한 상이 차려졌다. 금관처럼 반짝이는 놋그릇에 정성 가득한 음식이 담겨 있었다. 맛있게 식사한 뒤 후식으로 금빛의 법주를 마시고 다식까지 대접받았다.

식사 후 최준은 왕세자에게 집안 곳곳을 안내했다. 그런데 여성들의 공간이라며 안채는 보여 주지 않았다. 왕세자는 큰사랑

 12대를 이어온 나눔과 상생의 실천 가문

채, 작은사랑채, 행랑채까지 많은 손님들로 가득 차 있는 것이 특별하다고 생각했다. 왕세자는 짧은 일정에도 최부잣집에서 한국 전통문화를 경험할 수 있었다. '서봉총'이라는 이름은 이곳에 같이 방문한 일본의 고고학자와 왕세자의 대화 중에 지었다고 한다. 서봉총이라는 이름이 최부잣집 큰사랑채에서 지어진 것이다.

그로부터 한참 시간이 흘러 왕세자는 1950년 스웨덴 왕위에 올랐다. 당시 스웨덴은 6.25전쟁 중이던 한국에 의료지원단을 파견해서 부산에 야전병원을 운영하고 있었다. 구스타프 국왕은 이곳에 연락해서 최부잣집 안채를 사진 찍어 오면 좋겠다고 했다. 자신이 못 본 안채가 궁금했던 것이다. 어느 날 스웨덴 간호장교가 최부잣집에 찾아와서 안채를 비롯한 고택의 곳곳을 사진 찍어 갔다. 한국과 스웨덴은 1959년에 정식으로 외교관계가 수립되었다. 한국 대사의 신임장 제정식이 끝나자 구스타프 국왕은 다음과 같은 질문을 했다고 한다.

"최부잣집에는 아직도 그렇게 많은 손님이 찾아오나요?"

초대 미국대사 무초를 위한 남사당 놀이

존 무초(John Joseph Muccio, 1900~1989)는 이탈리아 출신 미국인이다. 대한민국 정부 수립 직전 트루먼 대통령의 주한 특사로 한국에 왔다가 1949년 초대 주한미국대사가 되었다.

당시 정부는 무초 특사에게 반도호텔에 사무실을 제공하고 임시 미국대사관으로 사용하게 했다. 무초 대사의 신임장 제정식은 정·부통령과 3부 요인이 모두 참석한 가운데 열렸다. 미국과의 관계를 가장 중요하게 여길 때였다. 이날 신임장과 트루먼 대통령의 사진을 무초 대사로부터 전달받은 이승만 대통령은 "우리 정부 수립과 육성에 힘써온 무초 특사가 대사로 승격된 것은 한국이 미국의 명실상부한 맹방으로 진일보한 것"이라고 치하하면서 눈물까지 흘렸다고 한다.

무초 대사는 경주 교촌 최부잣집을 방문한 적이 있는데 1949년 5월로 추정된다. 부산 미국공보원 개관식에 참석 후 경주를 경유해서 서울로 갔다는 기록이 있기 때문이다. 무초 대사는 경주 여러 곳을 구경한 후 교촌 최부잣집에 들러 특별한 과객 대접을 받았다. 최부잣집에서는 무초 대사에게 한국의 전통문화를

초대 주한미국대사 무초(오른쪽), 그 옆은 이승만 대통령

무초大使 十四日慶州行
地方視察겸在釜美國公報院移轉開院式에參席차지난 五月十三日來釜 무초大使는 用務를마치고 隨員들과 함께 十四日十午九時半 山嶺別州車노々 慶州를經由하여 一路서울로向하엿느고 한다

무초 대사 경주 경유 기사(민주중보 1949. 5. 15)

보여주기 위해 앞마당(최부잣집 대문 앞 주차장)에 줄을 걸고 남사당놀이 중 하나인 어름(줄타기) 공연을 열었다. 청중들과 함께 무초 대사가 한국 전통문화를 즐기도록 배려한 것이다. 이때 무초 대사는 신기(神技)에 가까운 줄타기를 보며 탄성을 지르며 어린아이처럼 좋아했다고 한다.

그를 최부잣집에 방문하도록 한 것은 신성모 장관의 생각이었다고 한다. 그는 일제강점기에 최부잣집에 한 달 정도 피신해 있

경주 남사당패(1929)

다가 중국 상하이로 갔다. 그때의 기억을 떠올리며 무초 대사에게 한국의 전통문화를 체험시키는 데에 최부잣집만 한 곳이 없다고 생각한 것이다. 무초 대사는 최부잣집이 미국이 독립한 1774년 무렵 지어졌다는 것과 미국이 독립하기 150년 전부터 만석꾼이었다는 이야기를 듣고서 미국 역사가 최부잣집 역사보다 짧다면서 오랜 역사에 감탄했다고 전한다.

무초는 대한민국 정부 수립과 한국전쟁 동안 주한미국대사로 있었다. 그는 정부 수립 직후에는 이승만 대통령이 펼친 강압 통치를 한국이 처한 특수 상황에 기인한 것으로 이를 옹호 했다. 하지만 한국전쟁을 앞두고 이승만 정부가 국회의원에 대해 부당한 체포와 고문 위협을 가하고 부패로 인해 급격한 인플레이션이 발

 12대를 이어온 나눔과 상생의 실천 가문

생하는 등 점차 나쁜 상황으로 치닫자 이승만에 반대하기에 이른
다. 그는 한국전쟁이 일어나기 바로 직전 1950년 6월 초에 미국
의회에 38도선 부근에서 북한의 침공 가능성을 보고하기도 했
다. 전쟁 발발 직후엔 한국 정부와 함께 피란을 내려가다 이승만
대통령 일행을 만나 자기 차량에 태우기도 했다.

무초 대사는 한국군이 치열하게 싸우자 이에 대해 찬사를 아끼
지 않았다. "적군의 기습을 당한 한국 군대는 전선을 버리고 도망
치지 않았다. 이를 악물고 버텨준 덕에 미군과 UN군은 몇 달의
시간을 벌 수 있었다. 한국인들은 충분치 않은 군사교육을 받고
도 제대로 싸워냈고 임무를 완수했다. 경탄스러울 만큼 용감히
싸웠다"라고 어느 인터뷰에서 그때를 회고했다.

최부잣집에 남겨진 독립운동가 명함

2018년 발견된 최부잣집 유물에서 독립운동가 명함이 17장 나왔다. 경상도 독립운동가뿐만 아니라 평안도와 연해주 독립운동가 명함까지 있었다. 그중 특히 눈에 띄는 명함에는 (대한제국) 육군 김석하(金錫夏) 참위(參尉)라고 적혀 있었다. 참위는 오늘날 소위(少尉)에 해당한다. 그가 남긴 명함에는 '최영조 인형 전(崔泳祚 仁兄 殿)'이라는 김석하의 친필이 적혀 있다. 최영조는 마지막 최부자 최준의 초명이다. 최준의 초명을 사용한 것을 보

구한말 의병

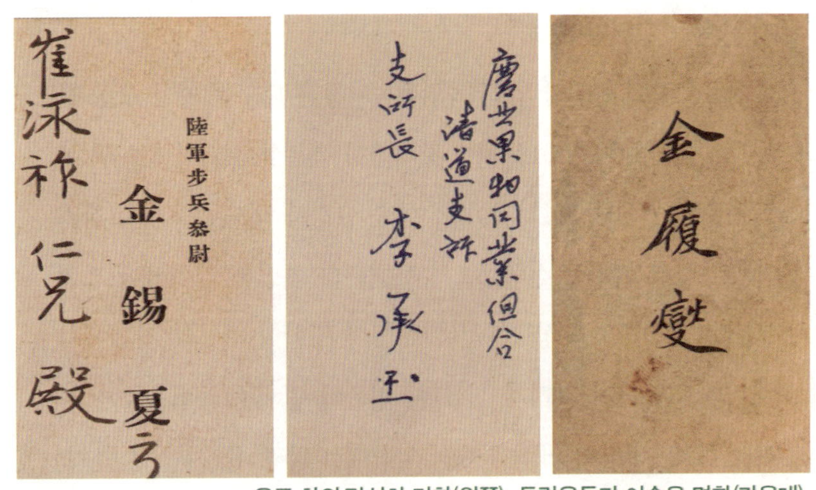

육군 참위 김석하 명함(왼쪽), 독립운동가 이승옥 명함(가운데),
독립운동가 김이섭 명함(오른쪽)

아 친밀한 사이임을 알 수 있다.

김석하는 자신이 소속된 부대의 의병장이 전사하자 부대를 대신 지휘하여 여러 차례 승리한다. 일본의 화력에 밀려 용인에서 시작한 그의 부대는 강원도 인제까지 후퇴했고 김석하는 결국 그곳에서 전사했다. 영국 신문기자 맥켄지가 찍은 사진에는 군복 입은 의병이 나온다. 멕켄지는 의병들을 희망이 전혀 없는 죽음을 앞둔 사람들로 생각했지만 그들의 영롱한 눈과 자신만만한 미소를 보고 감동했다. 이후 그는 일생을 한국 독립을 위해 노력했다. 맥켄지가 인터뷰한 군복 입은 의병장은 자신이 보람된 일을 하고 있다는 사실을 밝히며 "우리는 어차피 죽게 되겠지요. 하지만 괜찮습니다. 일본의 노예가 되어 사느니 자유인으로 죽는 것이 훨씬 낫습니다"라고 말했다. 그것은 바로 군인 의병장 김석하가 선택한 길이었다.

최부잣집에 명함을 남긴 독립운동가들은 대부분 자금 모집 활동을 한 분들이다. 3.1운동에 참여해서 감옥살이를 경험한 뒤 독립자금 모집에 주력한 것이다. 이승옥(경북 청도), 양재옥(경기 안성), 김상옥(평북 선천) 그리고 최준의 처삼촌 김이섭이 그런 분들이다. 이들 중 상당수는 그분들의 명함이 왜 최부잣집에서 나오게 되었는지 알기가 힘들다. 더욱이 연해주 독립운동가 김진(金震)의 명함이 어떻게 해서 이곳에서 발견되는지 전혀 알 수가 없다. 최부잣집이 이강년, 이중린 등 을미의병을 지원했고 최익현과 신돌석이 찾아왔으며 최부자 최현식은 경주 국채보상운동을 주도했다. 일제강점 후 자금을 모집하던 독립운동가들은 최부잣집을 중요한 자금 제공처로 생각했을 것이다. 최부잣집에 명함을 남긴 독립운동가들은 많이 알려진 분들은 아니다. 명함이 발견된 것을 계기로 그들의 노력과 헌신이 재조명되어야 할 것이다.

대한광복회와 교촌

1910년 일본은 한국을 강점했다. 정미의병이 전국에서 항전하고 뜻있는 분들이 의거를 펼치거나 순국했음에도 끝내 나라가 망하는 것을 막지 못했다. 그뒤 의병들은 일본군에게 밀려 만주로 건너갔고 한국 안에서는 총검 든 일본 헌병들이 공포 분위기를 만들었다. 하지만 얼음장 같은 분위기에서도 물밑으로 저항조직이 생겨났다. 1915년 대구 달성친목회를 중심으로 서상일, 이시영, 윤상태 등이 지식인과 자산가들을 모아 조선국권회복단을 조직했다. 여기에 경남의 안희제, 윤현태가 참가하고, 경주에서는 박상진과 최준이 참가했다.

이 단체는 3.1운동 때까지 발각되지 않고 독립자금 송출에 주력했으며 창원 3.1만세운동에서는 천여 명의 군중을 동원해서 일제 경찰에 격렬히 대항하기도 했다. 또 이 단체에 가입했던 유림 단원들은 파리

대한광복회 총사령 박상진

지휘장 우재룡(왼쪽), 지휘장 권영만(오른쪽)

장서 사건에서 주도적 역할을 했다.

이들 중에서 박상진은 더욱 격렬한 무장투쟁을 원했는데 그래서 조선국권회복단의 일부 단원과 채기중의 풍기광복단을 통합하여 대한광복회를 결성하고 총사령에 취임했다. 이 단체는 전국에 조직을 두고 만주에도 지부를 두었다. 이 중 경상도, 충청도, 황해도 조직의 규모가 컸다. 본부는 경주 외동면 녹동 박상진의 집에 두었는데 이곳이 외진 곳이라 실제로는 그의 처가가 있는 교촌 최부잣집이 주된 거점 역할을 했다. 본부 지휘장은 우재룡과 권영만, 재무부장은 최준, 본부 사무는 이복우가 맡았다. 박상진은 최준의 사촌 자형이고 이복우는 최준의 친척이다.

이 중에서 우재룡은 구한말 군인으로 군대 해산 일년 전에 이미 경북지방 의병부대인 산남의진에 합류했다. 그는 연습장(練

 12대를 이어온 나눔과 상생의 실천 가문

세금운송 마차를 습격했던 곳에 세워진 경주 효현교. 사건 당시에는 이곳에 나무로 만든
다리가 있었다.

謦將)으로 임무를 다하면서 무기 조달 활동을 하다가 체포되어
종신형을 받았다. 일제강점 후 특사로 풀려난 뒤 대한광복회의
지휘장으로 활동하다가 체포되어 또다시 무기징역을 받았다. 그
는 을사의병으로 시작하여 광복을 맞는 그날까지 항일 의지를 불
태운 불굴의 투사였다.

경주 본부 차원의 대표적 투쟁은 1915년 12월 24일에 있었던
세금운송마차 습격이다. 경주 효현교에서 우편마차로 운송하던
경주·영일·영덕 지역의 세금 8천7백 원을 강탈한 사건이다. 이
의거는 성공하여 조선총독부 경찰이 해결하지 못한 미제 사건되
었다. 처음 이 의거는 재무부장 최준이 세금마차의 통과 시간을

알아내면서 시작되었다. 곧이어 마부의 숙박 장소를 알아내자 권영만이 그를 찾아가 환자 행세를 하여 마차를 타게 되었다. 우재룡은 시간에 맞추어 미리 효현교의 나무다리를 끊어놓고 기다렸다. 강을 건너지 못한 마부가 파괴된 다리를 확인하려고 마차에서 내리자 두 사람은 거액을 탈취하여 달아났다.

두 사람은 교촌 최부잣집에 탈취한 돈을 맡기고 외동면 녹동으로 향했다고 한다. 이렇게 한 것은 재무부장 최준의 집이기도 했지만 부잣집이 거액을 가지고 있는 것이 이상하지 않았기 때문이다. 또 여기서는 이 돈을 독립자금으로 보낼 방법이 다양했기 때문이었다.

대한광복회 비밀요원 김재열과 교촌

고령 출신 독립운동가 김재열(金在烈, 1884~1948)은 한학을 배우다가 상경해서 경신중학교와 보성전문학교를 졸업했다. 그는 1910년대 대구·경북의 3개 독립단체인 달성친목회, 조선국권회복단, 대한광복회에 모두 가입하여 활동했다.

김재열은 1913년 달성친목회에 가입했으며, 1915년 정월 15일 결성된 조선국권회복단(朝鮮國權恢復團)에 들어가 만주의 독립운동 단체를 지원하기 위한 정보·연락 활동을 하고, 군자금 모금과 독립군으로 활동할 청장년 모집에 힘썼다. 1915년 7월에는 박상진, 우재룡, 최준 등과 함께 대구 달성공원에서 대한광복회(大韓光復會)를 조직했다.

1915년 김재열은 최병규, 정운일과 함께 권총을 소지하고, 서창규를 만나 군자금을 요구했다. 1916년에는 군자금 마련을 위해 이시영, 최준명과 함께 서우순의 금고를 털려고 했던 대구권총사건으로 체포되어 징역을 살았다. 김재열은 대한광복회 단원 중 직접 무기를 들고 가장 적극적으로 활동한 현장 요원이었다. 1917년 장승원 암살사건과 1918년 박용하 암살사건으로 대한광

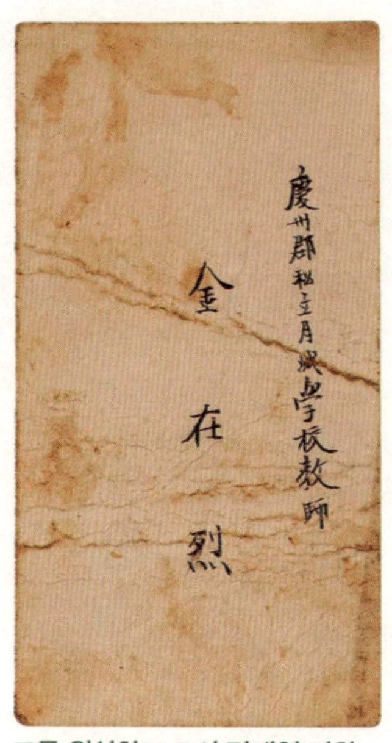

교동 월성학교 교사 김재열 명함

복회 조직 전체가 검거됨에 따라 그는 천안경찰서에 체포되었다.

최부잣집에서는 김재열의 명함, 엽서 등이 여러 점 발견되었다. 그런데 특이하게도 명함이나 엽서에는 '월성학교 교사 김재열'로 기재되어 있다. 또 발신인으로 '월성학교 내(內) 김재열이 양동마을 양좌학교 김학용에게' 보낸 엽서도 있다. 이 엽서는 명치 42년(1909)의 우체국 소인이 찍혀 있다. 1911년 경주 북정에서 개교한 월성여학교가 아니라 교동에 있었던 월성학교에서 보낸 것이다. 김재열은 교동에 있었던 월성학교의 교사였던 것이다.

명치 43년(1910)의 김재열이 보낸 엽서에는 최준에게 부탁해서 돈을 보내달라고 하는 내용이 나온다. 엽서 발신지는 부산이거나 대구로 되어 있다. 수신자는 최준에게 직접 보낸 것이 아니라 다른 사람이 받아서 최준에게 전하도록 하고 있다. 아마 어떤 임무를 띠고 경주를 벗어나 활동하던 중 여비를 보내달라는 것으로 보인다.

김재열 가문은 원래 성주에 있었으나 동학혁명을 계기로 고령으로 이사했다고 한다. 학자 중에는 그의 가문이 직접 동학혁명에 참여한 것이 아닌가 추정하는 분도 있다. 고령으로 이사 온 김재열의 본가는 경제적으로 매우 어려웠다고 한다. 그의 후손에 따르면 그가 보성전문을 졸업하는 데는 최부잣집의 후원이 있었을 것이라 한다.

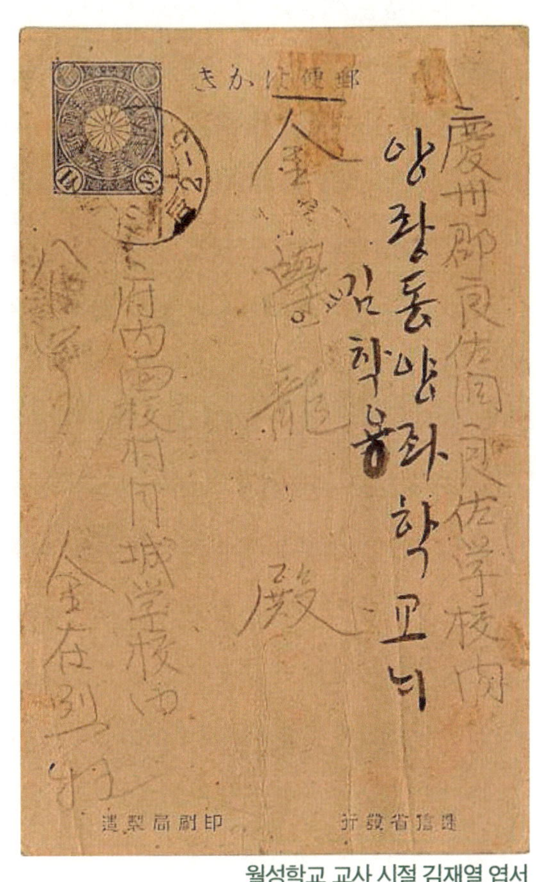

월성학교 교사 시절 김재열 엽서

백산무역 창립회의가 있었던 최부잣집 큰 사랑채

　최부자 고택은 교동 69번지에 있다. 1917년 어느 날 이곳에 안희제 일행은 예닐곱 대의 자동차에 나눠 타고 흙먼지 날리며 교촌으로 들어왔다. 당시 경주에는 자동차라고는 택시 한 대밖에 없던 시절이라 이렇게 많은 자동차를 한곳에 모으기란 쉽지 않은 일이었다. 그는 만석꾼을 찾아가는 길이라 허세가 필요하다고 생각해서 비싼 양복을 입고 구두와 안경을 착용했다. 하지만 이런 허세는 오히려 역효과만 불렀다. 최준은 신중한 성격이라 오히려 이들을 더욱 의심하게 되었다.

　최준은 안희제와 아예 같이 숙식을 하며 사람됨을 세밀하게 살폈다. 나중에 안희제가 만석꾼 부자를 상대하기 위해 허세 부린 것을 알고는 최준은 호탕하게 웃었다. 원래 안희제는 최부자의 동생 최완과 함께 대동청년단을 만든 동지였다. 만주로 가서 몇 년간 항일투쟁을 한 그는 부산으로 돌아와 '백산상회'를 세웠다. 독립자금을 마련하여 해외 독립운동가들에게 보내기 위해서였다. 몇 년 동안 자금을 해외로 송금하자 그에게는 엄청난 금액의 빚만 남았는데 그럼에도 불구하고 그는 더 많은 자금을 독립운

1914년 안희제가 부산 동광동에 설립한 백산상회.
이 상회가 자금난을 겪자 안희제는 최부자 최준을 찾아가 도움을 청했다.

동가들에게 보내기 위해 교동의 최준을 찾아 온 것이었다.

안희제가 최준에게 도움을 청한 후 백산상회는 1918년 백산무역합자회사, 1919년 백산무역주식회사로 개편되었는데 안희제의 많은 빚을 최준이 모두 떠안고 독립자금을 보다 효과적으로 보내기 위해서였다. 백산무역주식회사의 창립 회의를 했던 곳이 바로 최부잣집 큰 사랑채다. 이 회사를 창립한 후 최부잣집 재산은 무역대금 명목으로 상하이와 만주로 보내졌다. 안희제의 임무는 직접 지원할 단체와 독립운동가를 만나는 일이었다. 자신을 통해 지원받은 대상은 극비였다. 1928년 백산무역이 파산하자 그는 만주로 가서 독립운동을 계속했다. 대종교에 가입하고 독립운동의 기지가 될 발해농장을 세웠던 그는 1942년 일제에 붙잡혀 모진 고문을 받고 이듬해 8월 순국했다.

안희제와 최준이 백산무역 창립을 의논한 최부잣집 큰 사랑채

교촌 최부자 고택은 백산무역주식회사가 창립된 역사적인 곳이다. 백산무역이라는 회사 이름은 안희제의 호를 따서 지었다. 안희제는 최준에게서 나온 삼백 년 만석꾼 전 재산을 해외 독립운동 자금으로 보냈다. 이 과정에서 최준은 겉멋 가득했던 그의 첫인상 때문인지 안희제가 가져간 자금이 전액 독립운동단체에 전달될 거라곤 생각하지 않았다. 그중 절반이라도 독립운동에 사용된다면 큰 역할을 하는 것이라 생각했다. 하지만 안희제는 누구보다 순수한 열정으로 모든 자금을 독립운동단체에 완벽히 전달하며 어려운 임무를 완수했다.

광복 후 최준은 임시정부 주석 김구 선생을 서울 경교장에서 만났다. 이때 김구는 최준에게 낡은 장부를 꺼내 보여주며 이렇게 말했다. "최 선생, 그동안 수고가 많았습니다. 전 재산을 잃으면서까지 임시정부에 독립운동 자금을 보내주셔서 감사합니다. 삼천만 동포가 최 선생의 공로를 치하할 겁니다. 이 장부는 상해 임시정부가 그동안 보내준 자금을 기록한 것입니다." 거기엔 최준이 안희제에게 건넨 돈이 그대로 기록되어 있었다. 최준은 이 사실을 확인하고 안희제의 무덤이 있는 남쪽을 향해 절을 하며 목놓아 울었다.

교촌과 의열단

강우규 강우규 의사의 동상은 서울역 광장에 있는데 1919년 9월 당시 65세의 노인이던 그는 이곳에서 신임 사이토 총독을 향해 폭탄을 던졌다. 의열단과 한인애국단으로 이어지는 의열투쟁의 서막을 여는 엄청난 거사였다. 그는 일제가 한국을 강점하자 북간도로 망명하여 한약방을 경영하면서 독립운동을 했다. 3.1 운동이 일어난 후 신임 총독을 암살하기 위해 러시아 군인으로부터 수류탄을 구입하여 국내로 들어왔다.

거사 당일 자신을 도와주던 청년 허형에게 대한민국임시정부의 국무총리 이동휘 명의의 공한을 건네주며 경주 최준에게 전하라고 하고 그는 남대문역으로 출발했다. 허형은 경주로 내려가 교동 최부잣집에 들러 최준의 막내동생 최순에게 편지를 전한 것으로 보인다. (매일신보 1920. 2. 20)

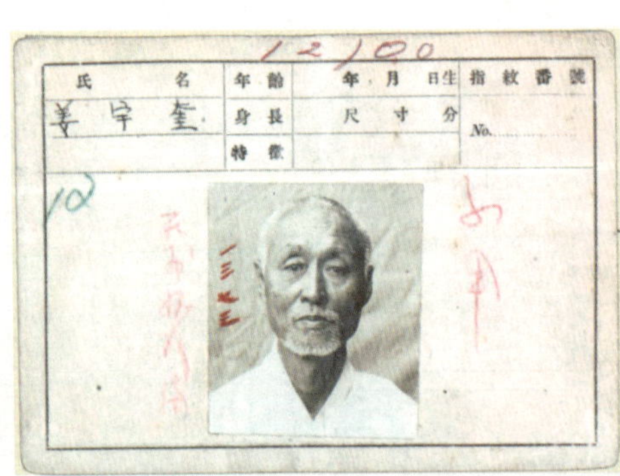

강우규의 수형 카드

김응섭 김응섭은 임시정부에서 법무차관을 지냈는데 최준의 처삼촌이다. 최준의 택호는 미동댁인데, 미동은 안동 오미동을 말한다. 이곳은 독립운동가 스물 세 분을 배출한 마을이다. 최준의 장인과 처삼촌, 그리고 처가 친척들이 모두 독립운동을 했다.

처삼촌 김응섭은 대한제국 법관양성소를 나와 일제강점 초기

김응섭

판사와 검사로 일년 반 동안 재직했다. 1912년 판사를 그만두고 나와 대구에서 변호사 개업을 한 후 교동 최부잣집을 자주 찾았다. 1919년 3·1운동이 일어나자 "이런 대도시에서 만세운동의 기미가 없다는 건 수치스런 일"이라며 대구 3.1운동에 적극 참여했다. 유림이 파리강화회의에 보낼 독립청원서 「파리장서」를 영문 번역하여 상하이로 망명했다. 그뒤 만주로 가서 김시현과 함께 1923년 의열단에 가입했다. 그는 만주로 이주해온 한국인들을 모아 한족노동당, 재만한인동맹을 조직하고 이를 이끌었다.

김지섭 김지섭은 최준의 처가 오미동 출신이다. 그는 금산에서 재판소 통역관으로 일하다가 경술국치를 맞았다. 금산군수 홍범식은 순절하기 전에 김지섭을 불러 유서가 든 상자를 맡기고

김지섭의 수형 카드

재판소 통역관을 그만 두라고 충고했다. 홍범식의 조부 홍우길은 최부잣집과 수백 점 간찰을 주고받을 정도로 교분이 깊었는데 홍범식의 순절을 최준의 친구 김지섭이 접하고 유서를 가족에게 전했다.

그는 재판소 서기를 그만두고 김응섭 변호사 사무실에서 일하면서 경주 교동에 김응섭 변호사와 함께 자주 왔다. 대구 3.1운동 참가 후 그는 중국으로 김응섭을 뒤따라가서 의열단원이 되었

김지섭이 최준에게 보낸 엽서(1910)

다. 그는 의열단에서도 이론과 실천을 겸비한 핵심 단원이었다. 김시현, 황옥과 함께 국내로 폭탄을 대량 반입한 후 발각되자 단장 김원봉과 함께 중국으로 피신하기도 했다. 1923년 관동대지진으로 한인들이 학살당하자 이에 항의하기 위해 그는 폭탄을 지니고 도쿄로 갔다. 원래 목표였던 제국의회가 휴회되자 목표를 바꿔 황궁 앞 니주바시(二重橋)에 폭탄을 던졌다.

　이육사　이육사는 청포도와 광야의 시인이자 불굴의 의지를 가진 의열단원이었다. 그의 정신적 지주였던 외삼촌 허규는 최준과 젊어서부터 노년까지 함께한 벗이었다. 이런 인연으로 최준은 육사의 형제들에게 학비를 후원했다. 육사는 조선은행 대구지점 폭파사건 때 처음 옥고를 치른 뒤 만 39세의 짧은 인생에서 독립운동으로 17번이나 검거 투옥된 초인적 삶을 살았다. 여러 번 투옥되어 건강이 악화되자 경주 교촌 인근 옥룡암에 요양하러 오기도 했다.

　그는 1932년 만주로 가서 의열단에 가입하고 김시현의 소개로 난징의 조선혁명군사정치학교에 1기로 입학했다. 그곳에서 폭탄 제조법, 변장술, 무기운반법을 배웠는데, 특히 권

시인 이육사

김시현

총 사격술에서 두각을 나타냈다. 그뒤 무기 운반 등 비밀활동에 주력하다 여러 번 체포되었다. 광복을 불과 1년 앞둔 1944년에 베이징 일본 총영사관 감옥에서 가혹한 고문을 받고 순국했다.

김시현 김시현은 일제강점기 동안 16년을 감옥에서 보낸 독립운동가이다. 일제강점기에는 의열단원으로 독립을 위해 투쟁했고 해방 후에는 반독재 통일운동을 했다.

그는 청산리전투에 사용될 총기 200정을 구입해서 제공했으며, 1921년 김익상의 총독부 폭탄투척사건과 1922년 오성륜·김익상·이종암의 황포탄의거를 배후에서 계획했다. 1923년에는 경기도 경무국의 황옥 경부를 이용하여 국내로 대량의 폭탄을 밀반입했으며 1932년에는 의열단의 조선혁명정치군사학교 창설에 참여해서 이육사를 1기생으로 입학시켰다. 김시현의 독립운동 자금을 댄 사람이 최부자 최준이었다. 그는 해방 후에는 최부잣집의 사돈이 되었다.

박열 박열은 일제강점기 일왕 암살 모의 사건으로 22년 2개월이라는 최장기 복역을 한 독립운동가이다. 그는 경성제일고보 재학 중 3.1운동과 관련되어 퇴학을 당한 뒤 일본으로 건너갔다.

신문 배달을 하면서 세이소쿠가쿠
엔 고등학교에서 학업을 계속했
다. 그는 1920년 무정부주의 단체
흑도회(黑濤會)에 가입했고, 일제
와 투쟁하기 위해 불령사(不逞社)
라는 비밀결사를 만들었다.

박열

1923년 10월 의열단과 긴밀히
연락하며 폭탄 반입을 시도했으나
계획 단계에서 체포되었다. 박열의 폭탄 구입 자금은 안희제가
주었는데 그 돈은 최준에게서 받아 간 것이었다. 최준도 이 사실
을 몰랐는데 1949년 박열이 귀국하여 최준을 찾아와 그 사실을
이야기했다고 한다.

영화 밀정의 김시현 사돈댁

2019년 배우 공유가 최부자 고택 누마루와 독립운동가 최완 고택 앞 돌담에서 화보 사진을 촬영했다. 공유는 영화 〈밀정〉에서 김우진을 연기했다. 영화 속 김우진의 실제 인물은 의열단의 김시현(金始顯, 1883~1966)이다. 교촌에는 김시현에게 독립자금을 제공한 최부잣집과 그의 사돈댁이 있다. 그런 인연이 있기에 김시현을 연기한 공유의 교촌 방문은 우연이 아닌 것 같다.

노년의 김시현, 권애라 부부

김시현은 안동 풍산읍에서 태어나 일본 메이지대학 법과를 졸업했지만, 안락한 삶을 버리고 불굴의 독립운동을 했다. 일본 유학 후 친일파로 살다가 해방 뒤 어떤 반성도 없이 법관이나 고위 관료를 지낸 악인들과는 너무나 다르다. 그의 이야기는 책으로 출간되었고, 영화 〈밀정〉으로도 만들어졌다.

그의 항일투쟁은 의열단이 실행한 대부분의 의거에 관계되어 있다 할 정도로 눈부시다. 하지만 해방 후 친일 인물을 등용하고 독립운동가를 탄압했던 독재 정권에 경고의 의미로 이승만 대통령 암살을 사주하기도 했다. 이 혐의로 눈부신 그의 항일 투쟁은 제대로 조명받지 못하고 있다. 심지어 그는 독립유공자로 서훈도 못 받았다.

김시현의 부인은 유관순 열사와 같이 수감되었던 서대문형무소 8호 감방의 이화학당 선배 권애라이다. 호수돈여고를 졸업하고 이화학당을 다니다가 개성 3.1운동을 주도한 그녀는 최근 복원된 〈8호 감방의 노래〉를 만든 장본인이다. 8호 감방 이야기는 최근 영화화되어 유관순 열사를 비롯한 여성 독립운동가들의 불굴의 투쟁을 잘 보여주고 있다.

1922년 모스크바에서 개최된 극동인민대회에는 식민지 조선 대표단 52명이 참석했다. 그 가운데 독립운동가 김시현과 권애라가 있었다. 김시현은 각국 대표들과의 장기자랑에서 〈개성난봉가〉를 부른 권애라에게 마음을 뺏겼다. 김시현은 권애라에게 청혼했고 권애라 역시 남자답고 쾌활한

권애라의 국회의원 입후보 포스터(1967)

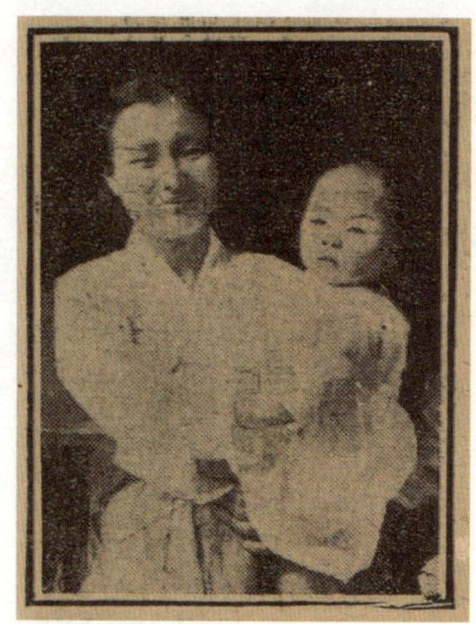

권애라와 아들 김봉년

김시현이 마음에 들어 승낙했다. 두 사람은 극동인민대회가 끝나기 전에 결혼식을 올렸다.

두 사람은 결혼 후 함께 지내지 못하고 고난의 길을 걸었다. 김시현은 의열단원으로 만주와 상하이를 오가면서 독립운동을 하다가 체포되어 거듭 감방을 드나들었다. 그가 일제 감옥에서 보낸 시간은 16년이 넘는다. 한번은 김시현이 출옥 후 다시 중국으로 들어가기 전에 아들 김봉년을 데리고 창경원 구경을 갔다. 그는 아버지 노릇 못한 것을 자책하면서 아들에게 "빵 사주랴? 뭐든 먹고 싶은 거 없니?"라고 물었다. 그러자 김봉년은 "제 나이 열아홉입니다. 빵이나 꽃구경보다는 독립운동 할 수 있도록 해주세요"라고 대답했다고 한다.

이렇게 해서 김시현 가족은 독립운동을 하기 위해 모두 중국으로 떠났다. 만주에서 독립운동을 하던 권애라·김봉년 모자는 일본헌병대에 붙잡혀 상상을 초월하는 고문을 받았다. 장춘고등법원에서 권애라 12년, 김봉년 12년 형을 받았을 때, 권애라는 아들 몫의 12년까지 대신 살겠다며 공판조서에 서명을 거부했다. 그녀는 취조하던 일본 형사의 뺨을 때릴 정도로 악랄한 고문과

김시현과 권애라의 사돈댁, 석등 있는 집

처참한 옥중생활에도 기개를 잃지 않았다.

해방 후 김시현은 자신에게 막대한 자금을 제공한 최부잣집을 아들 김봉년과 함께 방문했다. 이때 최준이 김시현에게 "나와 사돈을 맺지 않으면 30만 석을 갚아야 하네"라고 농담하면서 김봉년을 자신의 조카와 혼인시키자고 했다. 김시현의 사돈댁은 교동 64-1번지에 있는 '석등 있는 집'이다.

최부자가 후원한 이육사와 권오설

저항시인 이육사는 자신의 시 「광야」의 초인과 같은 삶을 살았
다. 39세로 베이징의 일본 총영사관 감옥에서 생을 마감할 때까
지 17차례나 체포 투옥되었다. 건강이 악화된 그는 경주 남산 자
락 옥룡암에 요양하러 두 번 요양하러 왔다. 그때마다 교동을 찾
아왔는데 최준이 그의 형제들을 후원해 주었기 때문이다. 최부
잣집이 그를 후원하게 된 것은 외삼촌 허규가 최준의 평생 동지

경주 불국사에서. 왼쪽부터 최용, 시인 신석초, 이육사, 최용은 최준의 2남이다.

이자 벗이었기 때문이
었다. 외삼촌 허규는
이육사가 독립운동을
하는 데 가장 큰 영향
을 주었다. 그리고 최
준의 동지 김시현은
이육사를 난징으로 데

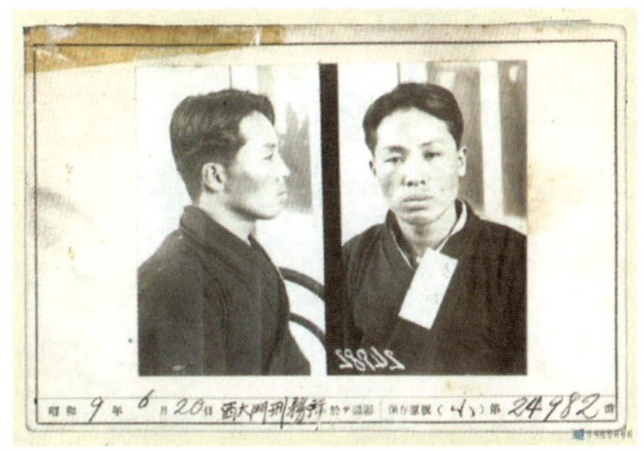

이육사의 수형 카드

려가 조선혁명군사정치학교에 1기로 입학시켰다.

이육사의 「청포도」는 경주 옥룡암에서 구상했다고 한다. 그는
이곳에서 같이 지내던 후배 이식우(경주고 교장 역임)에게 "청포
도는 조선이다. 청포도가 익어가는 것처럼 조선의 독립이 익어
가니 일본은 곧 망한다"라고 했다.

최준은 6.10만세 운동을 기획한 권오설(權五卨, 1897~1930)
도 후원했다. 권오설은 안동 가일마을 출신이다. 이 마을은 독립
운동가를 열두 분이나 배출했다. 최준이 어떤 인연으로 권오설
을 후원했는지 알 수 없
으나, 아마 처가 오미마
을을 통해서 권오설의 영
특함과 열성을 전해 들었
기 때문일 것이다.

권오설은 최준의 후원
으로 대구고보를 다녔는

권오설 체포 소식을 알리는 신문기사

데 독서회 사건 같은 것으로 학업을 중도에 그만두었다. 그 뒤 전
남도청에 고용원으로 취직해 있던 중 광주 3.1운동이 일어나자
주도적으로 참여해서 체포 투옥되었다. 또 1926년에 순종 황제
가 돌아가시자 6.10만세 운동을 기획했다. 사소한 실수로 권오설
을 포함한 지도부가 체포되지만, 사회주의 독립운동가들과 박인
호 선생이 이끄는 천도교 구파가 손잡고 끝내 6.10만세 시위를
일으켰다.

이육사와 권오설 외에도 최준은 많은 인재를 후원했다. 김정
설, 신성모 등 기미육영회가 지원했다고 알려진 인재들을 실질적
으로 후원한 사람은 최부자 최준이었다.

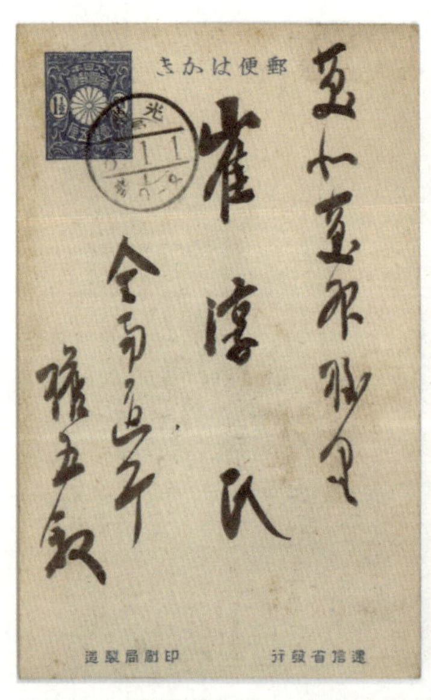
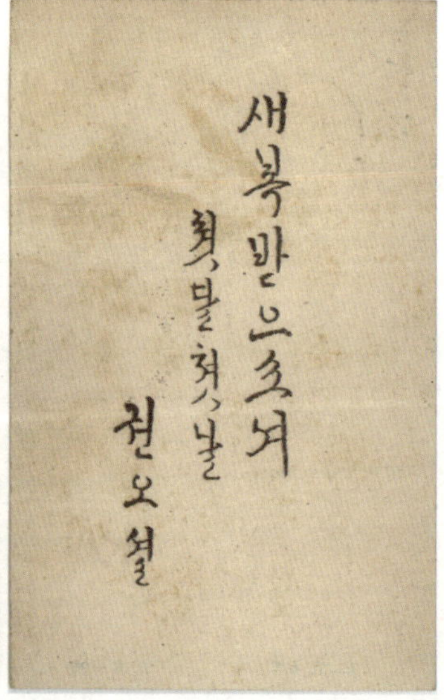

권오설이 최부잣집으로 보내온 연하장(1919)

 12대를 이어온 나눔과 상생의 실천 가문

최부잣집 감시인, 총독부 순사들

일본은 을사늑약 이후부터 조선의 3대 부자였던 경성의 이봉래, 진주의 김기태, 경주의 최준에게 일본인 집사를 두어 재산 상황을 감시했다. 그들은 재산 상황과 수입 지출, 재산의 소재처와 용도를 상세히 경무총감부에 보고했다. 일본은 3대 부자의 재산이 비밀리에 의병 또는 독립군 지원에 사용되는지 알고자 한 것이다. 이런 감시를 받게 되자 경성의 이봉래와 진주의 김기태는 모두 적극적인 친일로 돌아섰다.

일제강점기 초기의 헌병 경찰들

일제강점기 도(道) 경찰부장

이와 반대로 최부잣집은 3백년 선행(善行)이 전국적으로 알려져 있었기 때문에 각지의 의병부대가 지원을 요청해 왔다. 일제강점 이전 아직 대한제국이던 시절에도 최부잣집 앞에는 일본의 한국주차군(韓國駐箚軍)이 수시로 다녀갔다. 이런 상황은 1910년 경술국치 후에는 드나드는 과객까지 감시하는 지경에 이르렀다.

신임 경주경찰서장이나 대구에서 온 경찰 고위 간부들은 최부잣집을 꼭 다녀갔는데 인사하겠다며 찾아왔지만 누가 봐도 "총독부 경찰이 당신 집을 늘 지켜보고 있으니 딴생각을

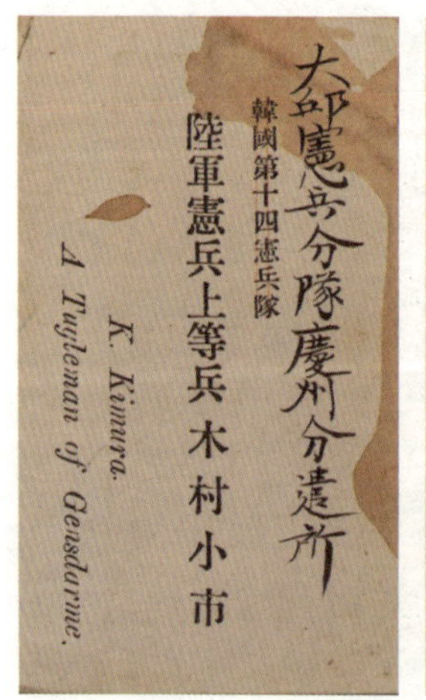

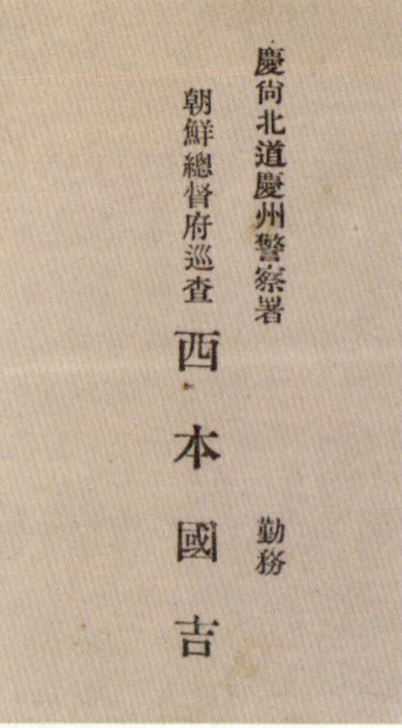

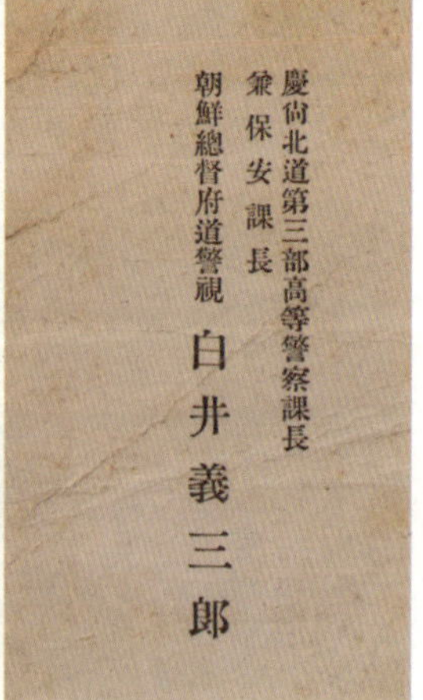

총독부 경찰들이 최부잣집에 놓고간 명함

품지 말라"는 협박을 위한 방문이었다. 2018년 발견된 최부잣집 유물 속에는 고위직 총독부 경찰부터 말단 순사와 순사보 명함까지 수십 장의 일본 경찰 명함이 나왔다. 집 밖을 지키던 말단 순사가 교체되어 오게 되면 그는 새로 온 감시인의 자격으로 그의 명함을 내밀었고 경찰 고위 간부들은 협박을 겸해 다녀가면서 명함을 놓고 갔다. 이런 감시 속에서도 상해 임시정부와 독립운동 단체에 천문학적 금액을 보내고 민족정신이 투철한 젊은 인재들을 후원했다는 것이 놀랍기만 하다.

최부자 최준과 동생들의 죽음

최부잣집은 나라의 운명이 위태롭자 의병을 지원하고 경주국채보상운동과 애국계몽운동에 참여했다. 그럼에도 불구하고 나라가 일본에 넘어가자 마지막 최부자 최준은 직접 독립운동에 뛰어들었다. 최준은 조선국권회복단에 가입하고 대한광복회에 참여하여 재무부장으로 활동했다. 이 무렵 안희제가 도움을 요청하자 백산상회의 부채를 떠맡고 백산무역주식회사로 개편하여 사장에 취임했다. 백산무역은 돈을 벌려고 만든 회사가 아니었다. 최부잣집 전 재산을 담보로 제공하여 무역대금 명목으로 해외로 독립자금을 보내기 위한 회사였다.

백산무역을 통해 독립단체를 지원하고 있을 때 최준에게 청천벽력 같은 일이 일어났다. 상해임시정부로 가서 재무부위원으로 활동하던 동생 최완이 잡혀 온 것이었다. 혹독한 고문을 당해서 석방 후 곧바로 교동으로 데려왔으나 사망했다. 최준은 자책하면서 오열했다.

최준은 1928년 백산무역주식회사가 파산할 때까지 엄청난 자금을 임시정부와 해외 독립단체에 보냈다. 그 규모는 김구 선생

임시정부 요인들의 1920년 새해 기념 사진. 최완은 이 당시 재무부위원을 맡았다.

이 "임정 자금의 6할이 백산에서 나왔다"라고 말할 정도로 큰 금액이었다. 회사 파산 후 최준은 별다른 활동을 하지 않았다. 만주사변과 중일전쟁으로 득세한 일본을 보며 많은 지식인들이 친일파로 변절할 때였다. 하지만 최준은 희망의 끈을 놓지 않았다. 바깥 출입을 하지 않고 주로 집안에서 시간을 보내며 경주 지리와 역사를 정리하여 동경통지(東京通志)를 간행했다. 이를 위해 당대 최고 지식인이었던 정인보와 최남선을 초빙하여 편집 자문을 하도록 했다.

1945년 드디어 해방이 되었다. 최준은 교육에 신생 조국의 미래가 달려 있다고 생각하고 대학교 설립에 동분서주했다. 당시까지 대학교는 경성대학(서울대학교의 전신)이 유일했다. 연희전문(연세대학

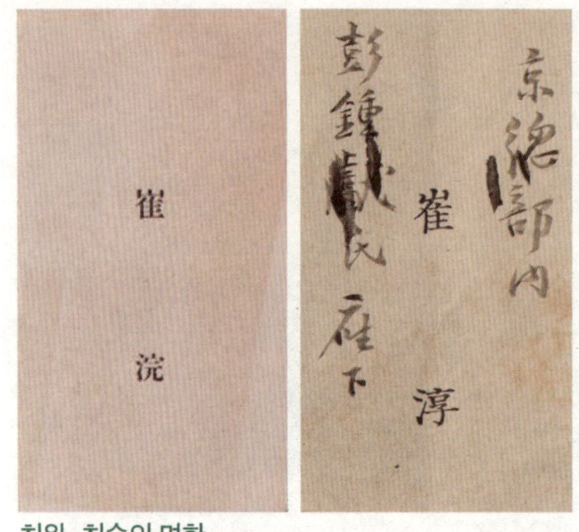

최완, 최순의 명함

교의 전신), 보성전문 (고려대학교의 전신) 같은 다른 학교들은 모두 전문학교였다. 최준은 1947년 (구)대구대학의 설립 인가를 받아냈다. 대구 경북의 최초 대학 설립이었다.

이보다 훨씬 이전인 1919년 9월 초, 최준이 백산무역에서 임시정부로 거금을 보낸 얼마 뒤 연해주에서는 한 노인과 청년이 특별한 임무를 띠고 국내로 들어왔다. 노인은 다름 아닌 강우규인데, 그를 돕는 청년은 허형이었다. 강우규 의사의 목표는 신임 총독 사이토에게 폭탄을 투척하는 것이었다. 거사 당일 아침 강우규 의사는 청년 허형에게 상해임시정부 국무총리 이동휘 명의의 공한(公翰)을 건네주며 경주 최준에게 전해달라고 부탁한 뒤 남대문역을 향해 갔다.

허형은 이것을 들고 교촌 최부잣집으로 찾아왔는데 그를 만난 사람은 최순이었다. 최순은 이때 백산무역 상무가 되기 전이었다. 그는 얼마 뒤부터 백산무역 상무를 맡아 해외로 보내지는 독립자금의 처리를 직접 맡게 되었다. 1928년 백산무역이 파산하자 독립자금 송금의 실무를 맡았던 최순은 일제 경찰의 표적이 되었다. 그는 고향으로 돌아오지 못하고 해방이 될 때까지 숨어지냈다. 강원도와 원산

 12대를 이어온 나눔과 상생의 실천 가문

쪽에서 은신하며 지냈던 것으로 추정
되는데 자세한 행적은 전해지지 않는
다. 그렇게 된 것은 그가 고향에 돌아
오고 나서 얼마 뒤 흉탄을 맞고 숨을
거두었기 때문이다.

초대 경주경찰서장 서영출

1948년 최순은 제헌의회 선거에
출마했다. 경주 민심은 독립운동을
했던 그의 편이었다. 그런데 당시
경주경찰서장 서영출은 독립운동가 최순이 국회의원이 되는 것
을 보고 있을 수 없었다. 서영출은 조선총독부의 고등계 경찰로
독립 투사들에게 악명 높은 '비행기 고문'을 가했던 인물이다. 그
는 서북청년단에 최순을 암살하라고 했다. 선거를 열흘 앞둔 5월
1일 밤 최순은 총을 맞고 숨졌다. 최순이 암살된 곳은 교동법주
에서 가마터로 가는 골목 끝자락이다. 셋째 동생 최완을 일본 경
찰의 고문으로 잃었던 최준은 막내 최순까지 잃게 되자 말할 수
없는 충격을 받았다.

한 가지 안타까운 것은 최완과 최순의 사진이 한 장도 남아 있
지 않다는 것이다. 독립운동을 하며 자취를 감추기 위해 사진을
남기지 않았던 것으로 추측된다. 최부잣집에 1920년 임시정부
요인들의 새해 기념사진 원본이 한 장 남아 있지만 후손들도 사
진 속 누가 최완인지 알아내지 못하고 있다.

교촌에는 최부잣집이 마을 한가운데 있고 동쪽에 경주향교가 있다. 옆집은 작은댁으로 경주 '교동법주댁'으로 불린다. 최부잣집에서 서쪽으로 길게 나 있는 골목에는 최준의 아우 최완의 집이 있다. 최완은 박중화, 안희제 등과 비밀결사단체 대동청년단을 조직하고 독립운동 대열에 합류했다. 그는 임시정부 수립 직후 2만엔의 엄청난 거금을 전달하려고 상하이로 갔다. 임시정부가 수립된 1919년 한 해 동안 임정이 사용한 자금은 6만엔 정도였다. 그 총액의 삼 분의 일을 최완이 가지고 갔던 것이다.

최완은 임시정부 재무부위원과 임시의정원 의원으로 활동했다. 그는 몇 차례 국내로 잠입하여 박중화를 만나 국내 독립운동을 병행했다. 그러던 어느 날 안희제의 지도를 받던 대동청년단 단원 신성모와 김효석이 경주 최부잣집에 숨어들었다. 두 사람은 총독부 경찰의 감시망에 걸리자 피신처로 최부잣집을 선택했던 것이다.

갑자기 찾아온 청년들을 최준은 마을 안 어느 조용한 집에 숨겼다. 그런데 일본 경찰의 감시망은 매우 촘촘해서 여간해서 빠

신성모(왼쪽)와 김효석(오른쪽). 대동청년단 단원으로 활동하다가 최부잣집으로 피신했던 이 두 사람은 훗날 각각 대한민국 제2, 제3대 내무장관이 되었다.

져가기 힘들었다. 특히 최부잣집 주변에는 순사가 하루에도 몇 차례씩 순찰을 다녔다. 최준으로서는 여간 신경 쓰이는 일이 아니었다. 그는 이들을 무사히 국외로 탈출시킬 방법을 모색했다. 최준은 여러 날 준비한 끝에 이들을 변장시켜서 마을 밖으로 내보냈다. 이들은 미리 기다리던 안내자를 만나 백산무역의 독립 자금을 가지고 상하이로 가게 되었다.

이 두 사람이 교촌에 피신했을 때 최부자 최준의 행동은 매우 신중하고 치밀했다. 최준은 본인이 아프다고 하여 읍내에서 조인좌 한의사에게 왕진을 오게 했다. 대문 밖에 총독부 순사가 있는 상황에서 조인좌를 통해 외부와 비밀리에 연락했을 가능성도 생각해 볼 수 있다. 아프지 않은 상태에서 거의 매일 왕진을 청했기 때문이다. 청년들을 탈출시키고 나서는 조인좌와 술상을 사이에

한의사로서 평생을 독립운동과 교육사업 및 사회봉사에 헌신한 일성 조인좌.

놓고 회포를 풀기도 했다. 이 자리에서 조인좌는 최준에게 고아원 설립 계획을 말하고 지원을 부탁했다.

그뒤 신성모는 중국에서 독립자금 송출 임무를 수행하다가 체포되었다. 일본 경찰은 그를 조선으로 압송해서 감옥에 가두었다. 1925년 석방되자 그는 영국으로 가서 런던항해대학에서 공부하여 일등항해사가 된 뒤 영국 런던과 인도를 왕래하는 정기 여객선의 선장이 되었다. 해방 후 신성모는 대한민국의 제2대 내무부 장관을 지냈는데, 그의 뒤를 이어 제3대 내무부 장관이 된 사람은 그와 함께 최부잣집에 같이 피신했던 김효석이다. 해방 후 가장 혼란기에 내무부 장관을 지냈던 김효석은 6.25때 납북되어 북한에서 1966년에 사망했다.

최부잣집과 실학

　조선 중기에도 벼농사에 모내기법을 도입하면 큰 수확을 얻을 수 있다는 것은 상식이었다. 하지만 모내기를 하려면 논에 안정적으로 물을 댈 수 있어야 하는데 이를 위해 수리시설을 갖추는 것은 쉬운 일이 아니었다. 나라에서는 물을 댈 수 없는 논에는 모내기법을 금했는데 수리시설이 미비한 논에 모내기를 하면 벼가 말라 죽기 일쑤였기 때문이었다. 그런데 최부잣집은 논을 만들 때부터 반드시 수리 시설을 갖추고 모내기법을 도입했다. 황무지를 개간하여 논으로 만드는 과정에서 강을 막아 보(洑)를 만들고, 강물이 없을 때는 반드시 샘을 파거나 작은 저수지들을 만들었다. 이앙법을 백 퍼센트 도입한 최부잣집 논의 소출은 다른 논에 비해 월등했다.

　조선시대 대지주들은 많은 소작인을 관리하기 위해 소작인과 직접 만나지 않고 마름을 통해 소작료를 거두었다. 마름들은 지주와 소작인의 사이에서 농간을 부리기 일쑤였다. 그래서 최부잣집은 과감히 마름을 없애 버렸다. 경영혁신을 한 것이다. 수리시설을 만들기 위해 이웃과 함께 일했고 마름을 없앤 후 소작인

성호 이익(왼쪽), 풍석 서유구(오른쪽)

들을 직접 만나게 된 것은 최부잣집으로서는 큰 행운이었다. 소작인들의 사정을 이해하게 되고 그들과 함께 윈-윈 할 수 있었기 때문이다.

　일부에서는 최부잣집의 경우를 실학이 산업적으로 성공한 사례로 평가하기도 하는데 최부잣집의 기술혁신과 경영혁신을 실학의 영향으로 보기 때문이다. 최부잣집과 오랜 기간 교유한 실학자 중에는 성호 이익, 풍석 서유구와 실학자들의 후견인 역할을 한 번암 채제공이 있다. 이중 서유구는 토지제도에 대해 폭넓고 깊이 있는 탐구를 한 후 생산물의 분배 방식으로 병작반수제를 현실적 방안으로 제시했다. 이것은 토지 생산물을 토지 소유자와 농민이 절반씩 나눠 갖는다는 점에서 최부잣집의 반분작과 같다고 할 수 있다.

최부잣집이 실학의 영향 아래 있었다는 확증은 없다. 하지만 최부잣집이 농업 기술에 있어서 혁신을 이뤄냈을 뿐 아니라 다른 생산 기술에도 주목하고 직접 이것들을 도입한 것은 분명 실학적 태도로 볼 수 있다.

번암 채제공

교동에는 놋전마을이 있었다. 유기장(鍮器匠)들에게 최부잣집이 땅을 내주면서 만든 마을이다. 오랜 기간 경주 지역민과 최부잣집에 놋그릇을 공급하던 곳이다. 최부잣집은 선물로 보낼 놋그릇이 많이 필요했다. 그래서 마을에 아예 놋전을 만들고 그들에게 안정적 매출을 올리게 했다.

최부잣집은 남산 옥돌 안경을 백오십 년 이상 만들었는데 추사 김정희도 최부잣집에 왔을 때 이 안경을 선물 받았다. 1980년대까지 서울의 남대문시장, 종로에는 "경주 남석 안경'이라고 써 붙인 안경방들이 더러 있었다. 경주 남석 안경 장인들의 연원을 따라가 보면 최부잣집을 꼭 만나게 되어 있다. 최부잣집은 우리나라 광학 산업에 큰 발자취를 남긴 곳이다.

최부잣집은 경주 내남면 박달리에 지통(紙筒), 즉 한지 생산

공장을 운영했다. 이곳에서 생산한 최고급 한지는 향교와 서원, 선비들에게 선물로 제공되었다. 최부잣집의 '가거십훈'이라는 또 다른 가훈에는 농업과 양잠에 힘쓰라는 '과농잠(課農蠶)'이라는 부분이 있다. 만석꾼이었지만 다른 기술을 공부해서 산업을 일으키려고 고민했다는 것을 알 수 있다. 일제강점 초기 교동에는 양봉원이 있었다. 우리나라에서 근대 양봉을 가장 일찍 도입한 곳 중 한 곳이 바로 교동이다.

정인보와 최남선의 『동경통지』 편집실, 사마소

 교동 89-1번지의 사마소는 『동경통지(東京通志)』를 만든 곳이다. '동경(東京)'이란 경주의 별칭이다. 고려 왕조는 개경(개성), 서경(평양), 동경(경주), 이 세 곳을 삼경이라고 했다. 평양과 경주를 수도 개성에 버금가는 곳으로 중요하게 생각한 것이다. 경주는 신라 천년의 수도였고 고려시대에도 전국에서 2~3번째로 중요한 곳이었으니 지역의 역사지리에 대해 정리할 내용은 풍부했다. 경주 역사지리서로는 작자 미상의 『동경지(東京誌)』라는 책이 조선 중기 이전에 있었다고 한다. 1669년에는 이 책을 보완하여 경주 부사 민주면(閔周冕)이 이채(李埰) 등과 함께 『동경잡기(東京雜記)』를 간행했다. 『동경잡기』는 이후 두 차례 증보판이 간행되었고, 1910년 조선고서간행회가 인쇄본으로, 1913년 최남선(崔南善)의 조선광문회(朝鮮光文會)에서 활자본으로 중간했다.

 그런데 동경잡기를 여러차례 중간했지만 신라시대 경주의 역사적 내용이 워낙 많고, 고려와 조선 시대의 것도 많아서 모두 수록할 수 없어서 그때마다 일부 내용을 뺄 수밖에 없었다. 이것이 『동경잡기』를 펴낼 때마다 증보 간행이 필요했던 이유이다. 근대

사마소의 옛 모습

에 와서 두 번이나 인쇄 활자본으로 간행되었던 것은 경주의 역사가 한 지역의 역사에 불과한 것이 아니라 당시에도 우리나라 사람들이 모두 알아야 할 지식으로 인식한 때문이었다.

최부자 최준은 독립자금을 송금하기 위해 전 재산을 담보로 제공하여 운영하던 백산무역회사가 파산한 후 칩거 생활에 들어갔다. 사회활동을 거의 하지 않고 집안에서 생활하면서 자신이 할 수 있는 일을 찾았다. 그는 『동경잡기』보다 훨씬 완성된 경주지리서를 내기위해 실무진을 구성하고 자료 수집과 편집을 진행했다. 그는 경주지리지의 완성판을 만들겠다는 생각으로 책이름을 『동경통지(東京通志)』라고 짓고 편집 자문 역할을 맡아줄 당대 최고 지식인 정인보와 최남선을 초빙했다.

최준은 두 사람이 교동의 사마소에서 작업하도록 하고, 최부잣집에서 사마소까지 식사와 간식, 필요 물품을 배달시켰다. 두 사람은 1년 가까이 사마소에서 생활하며 최준의 자문에 응했다.

『동경잡기』는 3권 3책으로 되어 있는데 비해, 『동경통지』는 14권 7책으로 훨씬 많은 내용을

『동경통지』 편집 당시 석굴암에서 최남선(가운데)

수록했다. 특히 신라의 유래를 기술하면서 한백겸·안정복·신경준·정약용 등의 실학자의 주장까지 모두 싣고, 민족사학자 신채호(申采浩)가 밝힌 삼한(三韓)·삼국(三國)의 성립과 그 영역의 범위까지 모두 실었다.

14권 7책에는 신라의 왕들에 대한 것에서부터 경주의 연혁, 강역, 숲, 풍속, 성씨, 호구, 토산물, 진상품, 관직, 창고, 봉수, 학교, 교량, 마을, 제방, 시장, 절, 유학자, 고승, 열녀, 유명인, 기생, 성곽과 연못, 역원과 도로, 사당과 능묘에 이르기까지 경주의 거의 모든 것을 기술했다.

최준은 해방 후에는 『동경통지』를 좀더 많은 사람들이 볼 수 있도

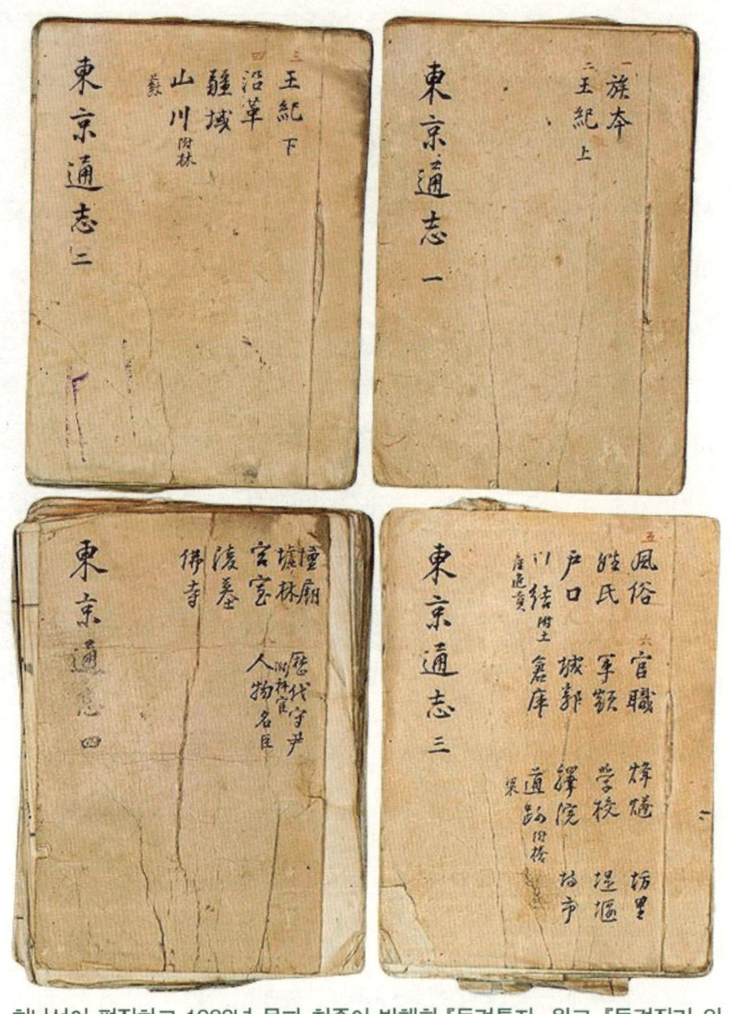

최남선이 편집하고 1933년 문파 최준이 발행한 『동경통지』 원고. 『동경잡기』의 오류를 바로잡고, 내용이 부실한 부분에 새로운 내용을 보충하였다.

록 국문 토를 달아서 1961년에 『동경속지(東京續誌)』로 간행했다.

동경속지의 서문은 벽옹 김창숙이 썼는데 기미독립운동과 상해임시

정부와 의열투쟁의 순국 사료도 넣어야 한다는 내용이 들어 있다.

교촌 사마소와 동학 구물천

　1894년 동짓달 경주에서 구물천이란 사람이 스스로 활빈당 두목이 되어 농민들을 모아 폭동을 일으켰다. 경주의 관아를 단숨에 점령한 활빈당 무리는 다음 목표를 교동 최부잣집으로 정했다. 그들은 경상도에서 가장 부자로 소문난 최부잣집을 그냥 지나칠 수 없었다. 만석꾼 재산을 약탈해서 무리들과 재물을 나눌 계획이었다. 그러나 민심을 얻고 있던 최부잣집을 바로 쳐들어갈 수 없었던 그들은 월성 옆에 있던 사마소(司馬所)를 불지르기로 한다. 양반들이 시회(詩會)를 열고, 학문 토론을 하던 사마소를 불태워 성난 민심에 기름을 부으려 한 것이다.

　활빈당 일당이 막 기둥에 횃불을 갖다 대서 불이 붙는 순간, 11대 최부자 최현식(崔鉉軾, 1854~1928)이 황급히 달려왔다. 그는 무리들에게 "죄가 있다면 사람에게 있는 것이지 집이 무슨 죄가 있겠는가. 죄가 있다면 나를 벌하고 사마소는 태우지 말라"고 신신당부했다. 그러자 활빈당 일당은 만석꾼 부자가 위험을 무릅쓰고 현장에 나타나 절절하게 말하자 그만 기가 꺾이고 말았다. 이에 최현식은 100여 명의 활빈당을 자신의 집으로 데리고 가 술

구물천이 이끄는 활빈당에 의해 사마소가 소실되는 것을 막은 사람이 최현식이었다

과 음식을 대접했다. 고기와 술을 배부르게 먹고 휴식을 취한 활
빈당은 최부잣집을 해치지 않고 남쪽을 향해 갔다고 한다.

한국사에 대한 연구가 지역사까지 상세하게 연구되고 있는데
경주 역사를 연구하는 사람들은 경주가 다른 지역에 비해 민란이
별로 없었고, 지역사회가 비교적 안정된 상태로 지속되었다고 한
다. 다른 지방에 비해 백성들을 고통으로 몰아넣는 관리나 지주
들이 적었다고 한다. 경주사람들에 대해 신라 천년 도읍의 후손
들이라는 자부심이 지나친 점이 있지만 다른 지방 사람보다 이해
심이 많고 천성이 순하다는 평가가 많다.

민란을 일으킨 구물천과 활빈당, 그리고 만석꾼 부자 최현식이
각자 신분의 차이에도 불구하고 서로를 이해하려고 한 이 이야기

는 계층 간 갈등과 반목이 많은 요즘 시대에 더욱 공감되는 에피소드가 아닐 수 없다. 한편 사마소 기둥이 막 불타오르려 할 때 최현식의 간절한 이야기를 받아들인 구물천은 과연 어떤 사람이었을까? 경주 천북면에는 '물천리'라는 동네가 있다. 구물천은 영일군 사람이라는 말이 있지만 혹시라도 경주 물천리에 살았던 성이 구씨였던 사람은 아니었을까?

동학에서는 수운 최제우를 '큰선생님', 해월 최시형을 '선생님'이라고 부른다. 최부잣집은 '큰선생님'은 물론 '선생님'과도 각각 인연이 있다.

수운이 최부잣집과 교류가 있었다는 기록이나 유물은 아직 발견되지 않고 있다. 수운의 부친 최옥의 간찰은 최부잣집에 몇 점 남아있다. 수운의 부친 최옥과 최부자 최언경은 모두 최진립의 6세손으로 12촌 관계다. 수운도 당연히 최부잣집에 내왕했으리라 짐작된다.

해월은 따로 기록은 없으나 장기간의 도피 생활 중 최부잣집에서 여러 날 숨어지내곤 했다고 한다. 해월은 늘 짐보따리를 메고 다녔기에 '최보따리'라는 별명이 붙었다. 그 안에는 언젠가 침재

수운 최제우

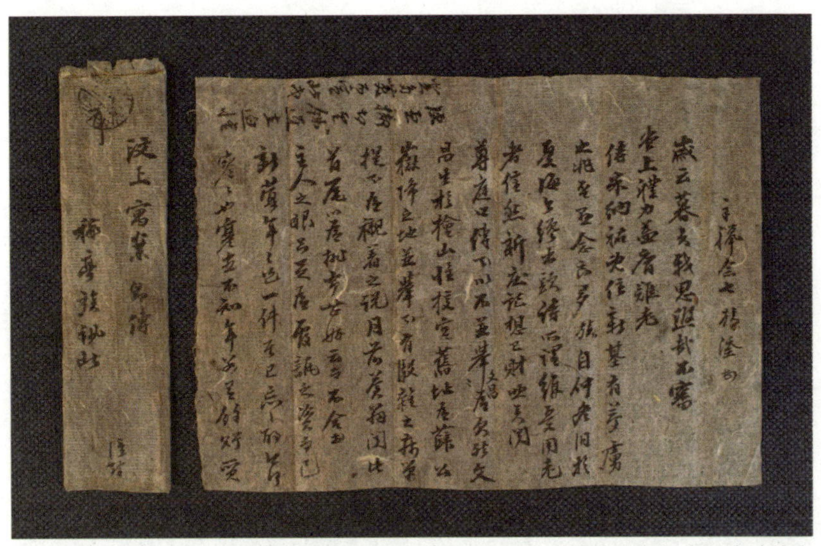

수운 최제우의 부친인 최옥의 간찰과 글이 최부잣집에서 여러 점 나왔다.

(鋟梓), 즉 판각할 수운의 원고가 들어 있었다. 해월은 최부잣집에 올 때면 일가 어른으로서 어린 최준에게 여러 이야기를 들려주곤 했다고 한다. 동학을 천도교로 개창한 손병희 선생도 최부잣집에 여러 번 왔는데 역시 최준에게 많은 가르침을 주었다.

2018년 발견된 유물에는 최부잣집이 동학과 천도교에 입도한 증거가 포함되어 있다. 천도교인은 '오관(五款)'이라고 하는 기본 의무를 해야 하는데, '주문(呪文)·청수(清水)·시일(侍日)·성미(誠米)·기도(祈禱)'가 그것이다. 주문이나 청수, 시일, 기도는 따로 자료가 남을 수 없지만, 성미는 납부했다는 기록이 남는다. 성미는 아침저녁 밥쌀에서 한 사람당 한 숟가락씩 떠서 모아두었다가 천도교회에 내는 것이다. 최부잣집에는 바로 이 성미 기록이

해월 최시형(왼쪽), 의암 손병희(오른쪽)

다수 발견되었다. 다른 댁과 달리 식구들마다 따로 영수증이 있는 점이 특별하다.

3.1운동 직전 손병희 선생은 최부잣집이 보성학교와 보성전문을 운영해 줄 것을 부탁했다. 하지만 안희제 선생과 함께 백산무역주식회사를 출범시킨 직후여서 그럴 수가 없었다. 부득이 거절하고 인촌 김성수를 대신 추천했다고 한다. 후에 고려대학교가 된 보성전문을 인촌이 맡게 된 사연이다. 천도교 관련 유물로는 이밖에 3.1운동 33인 중 천도교의 중심인물 권동진(權東鎭)의 엽서가 나왔고, 해월의 아들이자 독립운동가인 최동희의 엽서도 여러 장 발견되었다.

최부잣집은 최동희가 일본 유학을 하는 데 지원했고, 그의 동

생 최동호도 후원했다고 한다. 최동희는 만주에서 고려혁명당을
조직해서 활동하다 병으로 사망했고, 최동호는 3.1운동과 독립
운동 자금 마련에 주력하다 체포되어 2년 형을 선고받았다. 그는
서대문형무소에서 혹독한 고문을 받아서 생긴 병으로 세상을 떠
났다. 해방 후 최준은 서울 수유리 북한산 자락에 있는 주옥경 여
사댁을 방문하기도 했다. 주옥경 여사는 천도교의 중심인물로
손병희 선생의 동지이자 부인이다.

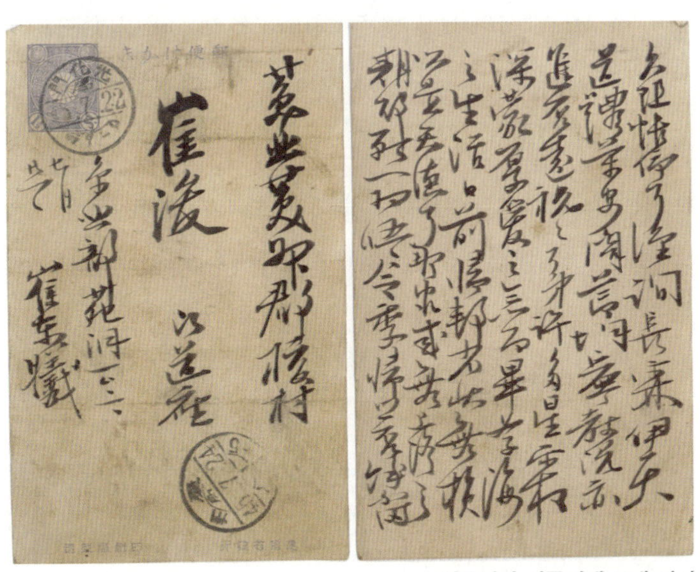

최동희가 최준에게 보낸 엽서

삼백 년 곳간과 구멍뒤주

교동 최부자 고택(교동 69번지)에는 팔백 석을 저장하던 곳간
이 있다. 지은 지 삼백 년 된 오래된 창고로서 현재 남아 있는 것
중에서 가장 큰 규모라고 한다. 최부잣집이 수많은 과객을 대접
하거나 굶주린 사람에게 나눠 주던 쌀을 보관하던 곳이다. 또 대
문 앞에 어려운 사람들을 위해 내다 놓았던 구멍뒤주의 쌀도 이
곳간에서 나온 것이었다.

'한 석(石)'이란 보통 벼 두 가마니 분량을 가리키는 말인데, 다
른 견해로는 장정 한 사람이 짊어질 수 있는 최대 용량이라거나
장정 한 사람이 1년간 먹는 양이라는 이야기도 있다. '한 석'은
'한 섬'이라고도 하는데 벼 한 석은 200kg이라고 한다. 벼를 방앗
간에서 찧어서 껍질과 겉부분을 살짝 깎아내면 무게가 28퍼센트
줄어들어서 쌀 한 석은 144kg이 된다. 그렇다면 만석꾼이 일 년
에 거둬들이는 쌀, 만석은 현재 시가로 얼마인지 계산해 보자.

벼 일만 석의 무게는 200kg × 10,000 = 2,000,000kg이다. 이
것을 방앗간에서 쌀로 찧으면, 쌀 일만 석이 되는데 그 무게는

144kg × 10,000 = 1,440,000kg이다. 10kg 포장의 쌀을 현재 가격 4만 원으로 잡으면, 쌀 1,440,000(kg) ÷ 10 × 40,000(원) = 5,760,000,000(원)이 된다.

따라서 벼 일만 석의 현재 시가는 57억 6천만원이 된다. 공업 비중이 너무 낮았던 조선 후기에 쌀의 가치는 지금과는 비교할 수 없이 컸다. 이런 조건을 무시하고 현재 시가로 단순 계산해 보면 최부잣집은 매년 57억 6천만원의 수익을 내고 있다는 것을 알 수 있다.

일본에 나라를 빼앗기자 독립운동을 지원하기로 하면서 최부자는 삼백 년을 내려 온 만석꾼 재산을 임시정부를 비롯한 해외 독립운동단체에 보냈다. 백산무역을 운영하면서 토지를 담보로 빌린 거금을 무역대금으로 위장하여 해외로 송금했다. 최부잣집은 전 재산을 독립자금으로 제공했지만 우여곡절 끝에 원래 규모의 삼분의 일 정도의 토지를 해방 후 되찾게 되었다. 그런데 이 토지마저도 (구)대구대학과 계림대학을 설립하는 데 모두 기부하였다.

팔백석 곳간은 최부자의 배를 채울 곡식을 쌓는 곳이 아니었다. 과객들과 굶주린 사람들을 위한 것이었다. 최부잣집을 찾아온 굶주린 사람들에게 죽을 대접한 것은 한국전쟁 때가 마지막이었다. 모든 재산을 사회에 기부하고 더 이상 토지가 없었기 때문이다. 삼백년 된 곳간에는 그때부터 벼를 쌓을 일이 없어졌다. 팔백 석짜리 빈 곳간에는 구멍뒤주 대여섯 개만 먼지 쌓인 채 오랫동안 그곳에 남아 있었다고 한다.

노비에게 올리는 제사

정무공 최진립은 숙종 때인 1711년 3월에 그를 배향한 용산서원이 '숭렬사우(崇烈祠宇)'로 사액되면서 '불천위(不遷位)'로 봉해졌다. 불천위는 훌륭한 학자나 중요한 공적이 있는 정치인에게 자손 대대로 제사를 지내라고 나라에서 정해준 분의 위패를 말하는데 집안에 불천위를 모신다는 자체만으로도 유가에서는 큰 영광이다.

경주 최부자 문중에서는 정무공 최진립 불천위 제사를 지낸 후 제삿상을 대청으로 가지고 가서 노비 기별과 옥동의 신위를 올리고 다시 제사를 지낸다.

그런데 정무공 제사를 지내는 날에는 '기별(奇別)'과 '옥동(玉同)'이라는 두 노비의 제사를 함께 올리는 것이 집안의 전통이 되어 있으니, 그 두 노비 역시 또 다른 불천위가 된 셈이다. 정무공에 대한 제사(집안에서는 이 제사를 '대제'라고 부른다)를 끝내고 제삿상을 대청으로 가지고 가서 정무공의 신주를 내리고 기별과 옥동의 신위를 올리고 다시 제사를 지낸다. 두 노비는 평생 동안 정무공을 모시고 다녔고, 급기야 병자호란 당시 험천(지금의 성남시 죽전동 부근) 전투에서 정무공과 함께 장렬히 순국한 충복이다.

반상의 구분이 엄격한 시대에 노비의 제사를 지내는 것은 있을 수 없는 일이다. 더구나 종가는 대대로 양반 집안이었고, 그 많았던 노비들의 제사를 지낼 수도 없었으며, 상전과 함께 전쟁에서 죽은 노비도 많았을 것이다. 그럼에도 불구하고 이런 전통이 집안에 내려오는 것은 그들 사이에는 신분을 초월한 의리와 교감이 있었기 때문일 것이다. 이 두 노비에 대한 제사는 지금까지도 계속 이어지고 있고, 나중에 이 사실은 안 경주시에서 '충노각(忠奴閣)'이라는 비각을 세워 두 노비의 충

충노각(忠奴閣)

절을 기리고 있다.

최씨 일가로서 후일 동학을 일으킨 최제우 선생이 신분제도를 철폐하고 특히 노비를 없애야 한다며 스스로 노비들을 면천시켜 며느리 삼고 수양딸 삼은 것도 기별·옥동의 이야기부터 내려오는 최부자 가문 특유의 인간에 대한 사랑의 영향이라고 짐작된다.

10대 최부자 또는 12대 최부자

최부잣집은 10대 만석꾼 또는 12대 만석꾼으로 알려져 있다. 만석꾼이란 1만 석의 벼, 즉 벼 2만 가마니를 생산할 수 있는 토지를 보유하고 있다는 뜻이다. 최부잣집은 소작인과 일대일 반분작을 했으므로 1만석 이상을 생산해서 절반씩 나누었다고 볼 수 있다. 이렇게 하려면 조선 후기 토지 생산력으로는 약 2백만 평 이상의 논이 필요했다고 한다.

최부잣집은 1대 최진립으로부터 시작한다. 그는 25세에 임진왜란을 맞아 동생과 함께 의병을 일으켜 많은 전투에서 왜군을 무찔렀다. 임진왜란 후에는 공조참판, 삼도수군통어사에 임명되었는데, 1636년 병자호란을 맞아 임금님을 구출하기 위해 남한산성으로 향하던 중 용인에서 전사했다. 양난에 모두 참전했고, 목숨을 다해 싸우다 전사했기에 후에 병조판서에 추서되었다.

그는 재산이 많았으나 청백리에 녹선될 정도로 청렴해서 만석꾼과 거리가 멀었다. 2대 최동량도 예천 용궁과 김천 개령에서 현감을 지냈으나 역시 만석꾼은 아니었고 천석꾼 정도였다. 아들 최동량은 최진립이 남한산성으로 싸우러 간다는 소식을 듣고

의병을 모아 아버지를 도우러 갔는데 충청도 목천에 다다랐을 때 최진립의 전사 소식을 들었다. 그는 아버지의 시신을 수습하기 위해 용인 험천으로 올라갔다. 한겨울 눈 속에서 아버지의 시신을 찾아냈는데 그 옆에 아버지를 모시던 종들이 같이 죽어 있었다. 최진립이 죽기를 각오하고 물러나지 않자 그의 종 두 명이 "주인이 목숨을 버려 충신이 되려고 하는데 어찌 종들이 충노가 되지 않을 수 있겠습니까?"라며 같이 전사한 것을 이를 목격한 한 아전이 알려주었다. 최동량은 아버지의 제사 때마다 죽은 종 두 명의 제사도 같이 지냈다. 이 집안에서는 380년 이상 지난 지금도 이들의 제사를 지내고 있다.

최부잣집이 만석꾼이 된 것은 3대 최국선 때였다. 이때 황무지 개간과 이앙법을 전면 실시하면서 엄청난 토지를 확보했다. 그런데 이 당시는 전란을 거친 후여서 백성들의 삶이 극도로 궁핍하던 때였다. 부자들은 언제나 명화적(明火賊, 횃불을 들고 떼를 지어 부잣집을 습격하던 도적 무리)의 표적이 되었다. 최국선도 자주 명화적의 습격을 받았고 동생들은 심한 부상까지 당했다. 또 명화적 중에는 자신의 소작인까지 있었는데, 최국선은 이를 보고 큰 충격을 받았다.

그는 항상 소작인들을 잘 대해주었으며 수탈한 적도 없는데 왜 자기를 공격하는지 그는 의아하게 생각했다. 하지만 이런 일이 계속 반복되자 그는 큰 재산에는 공적(公的) 성격이 있다고 생각하게 되었다. 정당한 방법으로 만석꾼 재산을 이루었다 하더라

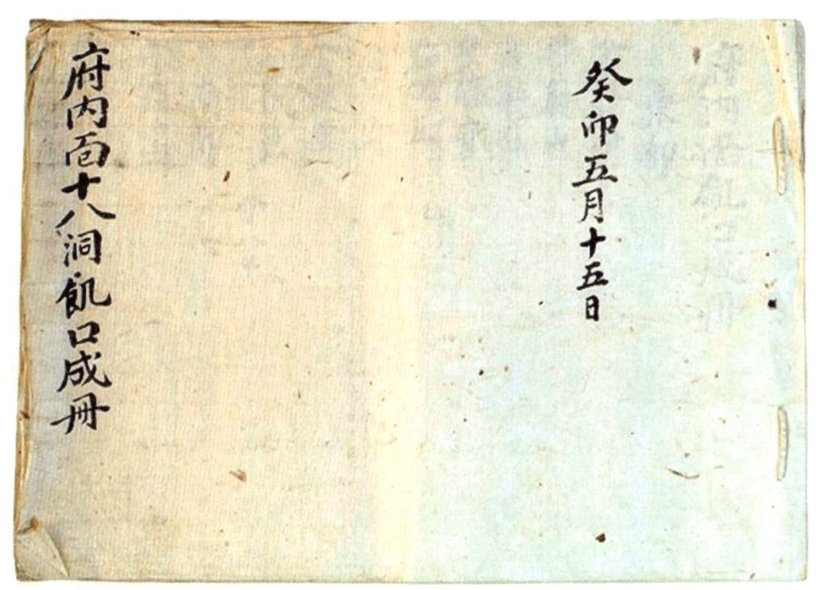

경주 지역민 가운데 구휼 대상을 조사하여 기록한 기구성책. 곡식을 나눠줄 사람의 명단과 배급한 내역을 기록하고 있다.

도 큰 부자에게는 사회적 책임이 따른다는 것을 깨달았다. 그가 이렇게 깨달을 수 있었던 것은 아버지 최동량 때부터 최진립의 제사와 함께 충노 두 명의 제사도 함께 지낸 영향이 컸다. 사람 취급을 못 받던 종들의 제사도 지내던 집안이었기에 명화적이 된 양민의 사정은 어렵지 않게 이해할 수 있었다.

그의 토지에는 수백 명 소작인의 생계가 걸려 있었는데 당시 일반적으로 지급되던 소작의 댓가로는 흉년이 나게 되면 굶게 되고 그중 일부는 도적이 될 수밖에 없었다. 최국선은 부자와 소작인이 서로 상생하는 방법을 생각했다. 그는 당시로서는 파격적인 조건, 즉 소작인과 지주가 수확량을 1 : 1로 나누는 반분작을 채택했다. 이 결정으로 그의 부는 이후 10대까지 계속되었다. 10대 만석꾼이 맞는 말이지만 만석꾼 최부자의 정신은 1대 최진립부터 나왔다고 해서 '12대 만석꾼'이라고도 하는 것이다.

최부잣집 진사는 아홉이냐 열이냐?

최부잣집을 가리켜 흔히들 '10대 만석, 10대 진사'라고 한다. '10대 진사'라고 하면 10대 동안 진사 또는 생원을 지냈다는 말이 된다. '진사(進士)'는 원래 소과(小科)인 진사시(進士試)에 입격(入格)한 사람을 가리키지만, 통상 생원시(生員試)에 입격한 생원도 아울러 진사라고 했다.

최부잣집에는 모두 10명이 소과에 입격했다. 하지만 최부잣집의 장자(長子) 10명이 소과에 입격한 것은 아니다. 장자는 5명, 형제 중에서 4명, 재종(再從, 6촌) 형제 중에서 1명, 이렇게 모두 10명이 소과에 입격했다. 도합 진사가 4명, 생원이 6명이다. 이 경우에 맞는 말을 찾는다면 '10대 진사'라고 할 것이 아니라 '열첩 진사'라고 하는 것이 더 적당하다.

최부잣집의 장자는 '국선 → 의기

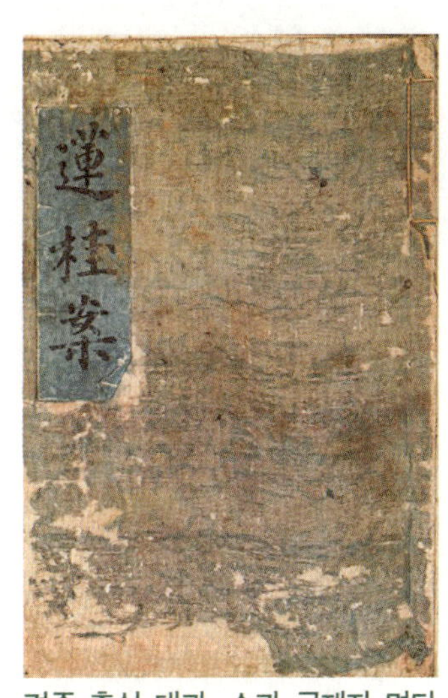

경주 출신 대과, 소과 급제자 명단이 수록된 『연계안(蓮桂案)』

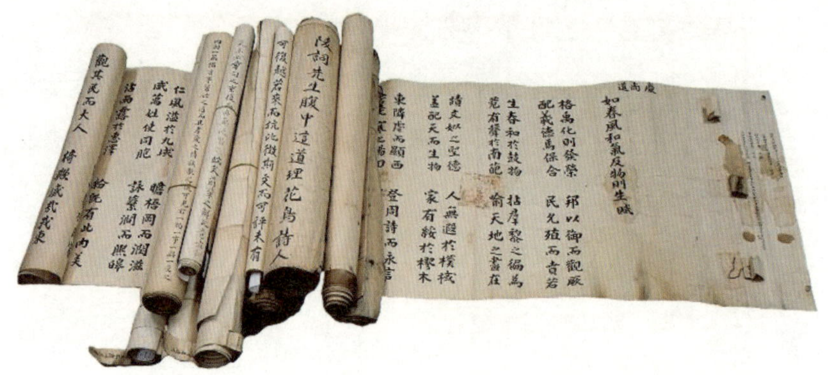

최부잣집 과거 시험지

→승렬→종률→언경→기영→세린→만희→현식→준', 이 순서로 된다. 이 중 입격한 사람을 나열하면 종률(진사), 기영(생원), 세린(생원), 만희(생원), 현식(진사)이다. 그리고 세린의 동생 세구(생원)가 입격했고, 만희의 형제, 만수(생원, 입격 당시 이름은 병수), 만선(생원)이 입격했다. 또 현식의 동생 현교(진사, 입격 당시 이름은 현설)가 입격했고, 준의 재종형 해룡(진사)이 마지막으로 입격했다.

진사 혹은 생원이 되면 유학을 깊이 있게 공부한 교양인으로 인정받았다. 이후 대과에 급제하면 품계를 받고 관직 생활을 하게 된다. 하지만 최부잣집에서는 대과를 못 보게 했다. 부와 권력을 둘 다 가져서는 안 된다는 것이었다. 만석 부자에 진사만 해도 너무 많은 것을 가졌다고 본 것이다. 더 이상 가지려고 하지 말고, 이웃과 더불어 살도록 가르친 것이다. 공부는 진사만 되어도 이미 충분한 교양을 쌓았기 때문에 벼슬 공부까지 할 필요가 없다고 생각했다. 착한 부자로 살아도 할 일이 많은데 대과에 급제해서 관직 생활로 이리저리 떠돌아다닐 여유가 없었다.

만석꾼 최부자에게 진사나 생원은 그 자체가 목표가 아니었다. 그들에게 유학 경전 공부는 이웃과 더불어 살아갈 방법을 찾는 시간이었다. 한 집안에서 10명의 진사 및 생원이 나온 사례는 아주 드물다. 또 소과에 입격하고도 대과에 응시하지 않은 경우도 드물다. 1대 최진립의 후손 중에도 만석꾼 교촌 집안 사람이 아니면 대과에 응시했다. 정조 때 장원 급제한 최벽이 대표적이다. 만석꾼이 아닌 후손까지 진사 이상 하지 말라는 뜻이 아니었다. '진사 이상 하지 말라'라는 최부잣집 가훈은 단순히 벼슬을 하지 말라는 뜻이 아니었다. 그 이상 많은 것을 가지려고 하는 것이 헛된 탐욕이라는 것을 가르치는 경구(警句)였다.

효자 최현식과 노래자(老萊子) 이야기

춘추시대 초(楚)나라에 효심이 지극한 노래자(老萊子)라는 선비가 있었다. 노래자는 부모님이 자식이 늙었다는 사실을 알지 못하게 하려고 알록달록한 때때옷을 입고 아이처럼 재롱을 부리거나 일부러 넘어져 엉엉 울기도 했다. 노래자의 부모는 늘 이런 아들의 재롱을 보면서 자식의 나이를 알려고 하지 않고 지냈다.

둔차(屯次) 최현식(崔鉉軾)

노래자도 자기 나이를 부모에게 알리지 않았다. 노래자가 70세의 백발노인이 되었을 때도 그의 부모는 노래자의 효성 덕분으로 건강했다.

이 이야기는 자식이 아무리 나이가 들어도 부모의 자식에 대한 마음은 똑같으니 변함없이 효도를 다하라는 교훈을 준다. 그런데 모친의 회갑잔치에서 노래자처럼 색동옷을 입고 춤을 춘 최부자가 있다. 바로 11대 최부자 최현식이다. 이때 그의 나이 서른여섯이었다.

비록 노래자같이 백발이 되도록 어린아이처럼 부모님께 재롱을 부린 것은 아니었으나 그는 효성이 지극했다고 한다. 또 최현식이 색동옷을 입고

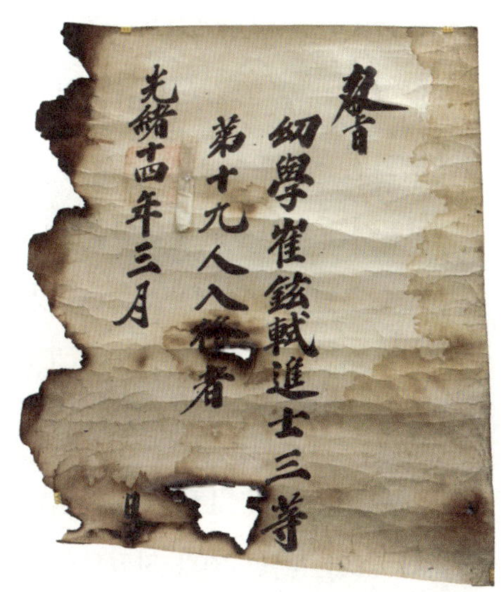

최현식의 진사시 입격(入格) 백패(白牌)

아이의 재롱 춤을 춘 것은 회갑을 맞은 모친만을 위해서가 아니었다. 바로 친지들, 집안 일꾼, 이웃 모두를 즐겁게 하기 위한 것이었다. 선대부터 내려오던 구휼 사업을 체계적으로 확대하고 동학혁명 때 사마소로 쳐들어온 활빈당 무리들을 대접해 보낸 것에서도 노래자를 닮은 그의 넉넉한 인품을 엿볼 수 있다.

최부잣집에서는 경주 안에 굶주리는 가정을 조사해서 쌀을 정기적으로 보냈고 앞마당에서는 늘 가마솥에 죽을 끓였다. 죽을 끓인 이유는 오랫동안 굶고 극도로 허기진 사람에게 갑자기 밥을 먹이면 탈이 나기 때문이었다. 최현식은 이런 경험을 자신의 문집 『각비록』에 '기곤인구활법(飢困人求活法)'으로 정리해두었다. 굶주린 사람을 살리는 방법을 정리한 것이다. 최부자 말고 어떤 만석꾼이 이런 내용까지 꼼꼼히 기록했겠는가? 뿐만 아니라 그는

나라가 빚으로 넘어가지 않도록 국채보상운동 경주 지역 회장을 맡아 끝까지 노력하기도 했다. 또 최익현·신돌석·이중린 등의 한말 의병장을 후원했다.

최현식은 백산무역이 파산한 1928년까지 생존했다. 이 회사의 창립과 소멸과정을 모두 지켜본 것이다. 백산 안희제 일행이 예닐곱 대의 자동차에 나눠 타고 교촌에 나타난 것부터 백산의 회사를 주식회사로 바꾸고 식산은행과 경상합동은행으로부터 거액 대출을 받아 무역 대금 명목으로 만주 봉천과 안동(오늘날 단동)에 있던 백산무역의 지점으로 독립자금을 송금하는 것에 대해 최현식이 아무것도 몰랐을 리 없다. 모든 전권은 아들에게 물려주었지만 삼백 년 만석지기 전 재산의 처분을 아들 최준 혼자 결정하게 하지는 않았을 것이다. 아마도 그는 전 재산을 독립운동에 바치자는 아들 최준의 제안에 동의했을 것으로 짐작된다.

교촌에 이렇게 많은 학교가! 초등학교에서 대학까지

교동에 지금까지 남아있는 교육기관은 경주향교가 있지만, 1950년대에는 서당과 초등학교, 대학까지 있었다. 2018년 여름에 발견된 최부잣집 2만여 점 고문서 중에는 경주 국채보상운동 자료가 포함되어 있다. 이 운동에 참여한 단체와 사람들은 성책(成冊)에 기록되어 있는데, 교촌 부분을 찾아보면 문상학교(汶上學校) 교직원과 학생들의 이름과 그들의 성금 액수가 확인된다. 원래 교촌에는 지금의 숙연당 자리에 마을 서당이 있었는데, 문상학교는 서당과 근대학교의 중간 형태로 짐작된다.

경주 국채보상운동 문서 중에는 월성학교 설립에 관한 간찰이 여러 점 있으며, 독립운동가 김재열(金在烈)의 명함에는 그가 월성학교 교사로 기재되어 있다. 이것들은 1911년 문파 최준이 사립월성여학교를 설립하기 전부터 교촌에 월성학교가 있었음을 확인해 주는 중요한 자료라고 할 수 있다.

월성학교 간찰을 살펴보면 지역 유림들이 세운 육영재(育英齋)를 일제가 초등교육기관으로 사용하기 위해 접수했다가 경주 심상소학교(지금의 계림초등학교)를 개교시키면서 1907년에 반환한 것을 알 수 있다. 이때 유림은 반환받은 육영재를 근대 교육 기관으로 만들기 위해 준비 모임을 열자고 최준을 초대했다. 유림에게 반환된 육영재는 1907년 교촌에서 월성학교로 개교한 것으로 보인다. 1910년 한국을 강점한 일본은 한국으로 이주해온 일본인 교육에만 힘쓰고 한국인 교육은 관심 밖이었다. 더욱이 여성 교육은 생각조차 하지 않았다. 최부자 최준은 1911년 여성 교육 중요성을 깨닫고 사립월성여학교를 설립했다.

1950년에는 북한의 남침으로 경주에 수많은 피난민이 내려왔다. 이 중에는 대학교수, 대학생들도 많이 있었다. 최준은 이들이 학업과 강의를 계속할 수 있도록 고택과 친척들의 집, 그리고 향교를 빌려 2년제 계림학숙을 설립했다. 김정설·김동리 형제와 조지훈이 이 대학에서 강의했을 정도로 교수진이 대단했다. 그밖에도 진홍섭, 류석우가 강의했으며 한국 최초의 예술대학이라 할 수 있는 경주예술학교가 경영난에 빠져 계림학숙에 통합되자 김준식이 미술과를 맡아 경주예술학교의 계림학숙 시대를 이어 갔다. 미술과에는 김만술, 성낙인 등 당대 최고의 교수진이 있었다. 계림학숙은 그뒤 대구여자초급대학이 되었다가 지금의 영남 이공대학교가 되었다.

그 밖에도 최부잣집 비보림에서 개교한 황남초등학교와 향교에서 개교한 (구)계림중학교(지금의 선덕여자중학교)까지 포함하면 작은 이 마을에 있었던 학교의 숫자는 정말로 많다. 가히 향교가 있는 마을, 교촌이라고 부르기에 그 자격이 넘친다고 할 수 있겠다.

최준의 교육사업과 인촌 김성수

　최부자는 초등학교에서 대학까지 이르기까지 학교에 많은 후원을 했다. 교촌마을 최부잣집 어느 후손은 1960년대에 부산상고에 합격하여 입학식 날 학교 소개 소책자를 받아보고 깜짝 놀랐다. 집안 할아버지 최부자 최준이 이 학교를 발전시킨 주요 후원자로 되어 있는 것이었다. 최준 할아버지가 지금의 영남대학교가 된 (구)대구대학과 계림대학을 설립했다는 것은 알고 있었지만 멀리 부산상고의 주요 후원자였다니 어리둥절할 수밖에 없었다. 최부자는 학교를 설립했을 뿐만 아니라 많은 학교에 큰 후원을 했는데 그 기준은 명확했다. 조선인만 다니는 학교를 후원했다는 것이다.

　현재 개성고등학교가 된 부산상고는 1895년 선각자 박기종 선생이 세운 개성학교로 시작된 127년이나 된 유서 깊은 학교다. 이 학교는 일제강점기의 교명이 '부산제2공립상업학교'였다. 용두산 동쪽 동광동에 '백산무역주식회사'의 사장이었던 최준은 더 가까운 곳에 있었고 일본 학생이 대부분이었던 '부산제1공립상업학교'가 아니라 조선인 학생만 다니던 '부산제2공립상업학교'

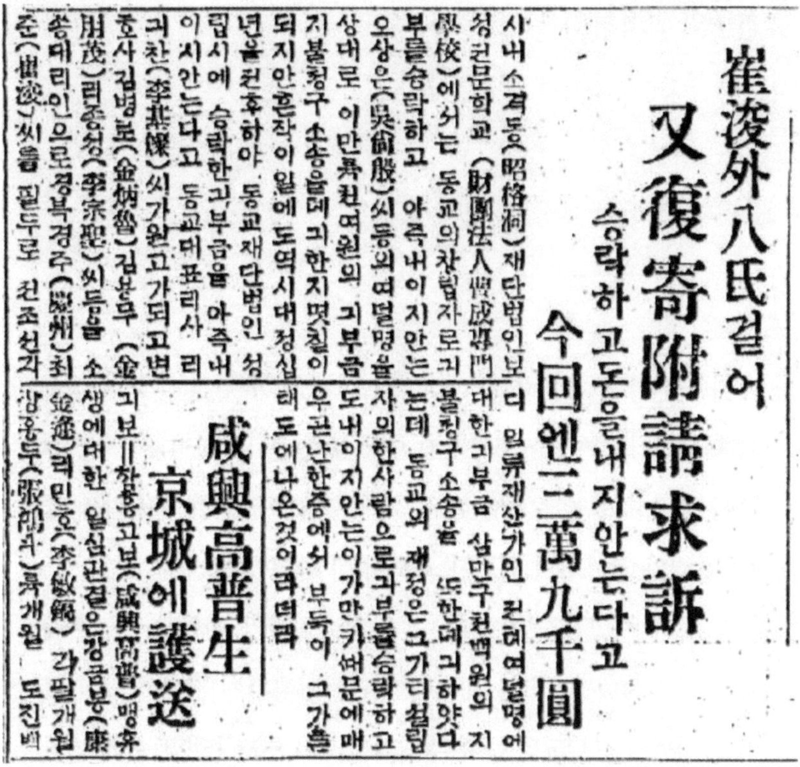

崔浚外八氏걸어
又復寄附請求訴
승락하고돈을내지안는다고
今回엔三萬九千圓

시내소격동(昭格洞)재단법인보성전문학교(財團法人普成專門學校)에서는 동교의창립자로기부를승락하고 아즉내이지안는오상은(吳尙殷)씨등외여덜명을상대로 이만원여원의 긔부금지불청구소송을뎨긔한지몃칠이되지안흔작이일에 도역시대정십년을전후하야 동교재단법인설립시에 승락한긔부금을 아즉내이지안는다고 동교대표리사긔찬(李基燦)씨가원고가되고변호사김병로(金炳魯)김용무(金用茂)리종성(李宗聖)씨등을소송대리인으로경북경주(慶州)최준(崔浚)씨를필두로 친조선각디 재산가인 외여덜명에 대한긔부금 삼만구천백원의 지불청구소송을 또한뎨긔하얏다는데 동교의 재정은그가티설립자의한사람으로긔부를승락하고도내이지안는이가만키때문에매우곤난한즁에서 부득이 그가튼태도에나온것이라더라

咸興高普生
京城에護送

긔보=함흥고보(咸興高普)맹휴생에대한 일심관결은강금봉(康金逢)리민호(李敏鎬) 각팔개월장용두(張龍斗)등개월 도진백

보성전문학교가 학교 창립자로서 기부를 약속하고 지불하지 않은 최준 외 8명에게 청구 소송을 제기했다는 기사(동아일보, 1928년 8월 3일).

에 체육관을 지어주었다.

일제강점기 최부자는 경주 월성여학교를 설립·운영했고, 서울 보성학교(현 보성중고등학교)와 보성전문학교(현 고려대학교)에도 큰 후원금을 냈다. 이중 보성전문학교에는 학교의 공동 설립자로서 기부금을 내기로 약속했으나 내지 못한 적도 있었다. 백산무역주식회사 파산으로 전 재산이 총독부로 넘어갔기 때문이었다. 1928년 8월에 보성전문학교로부터 기부금 지불 청구 소송을 당하기도 했으나 결국 기부금을 몇 차례에 걸쳐 완납했다.

보성전문학교 공동설립자의 한사람으로 기부금을 내게 된 것은 인촌 김성수의 교촌 방문 때문일 걸로 얼핏 생각되지만 사실 1919년 전후의 인촌의 교촌 방문은 동아일보와 경성방직 설립 때문이었다. 이 기부금은 천도교가 이 학교를 운영하던 시기에 약속된 것이다. 최부잣집이 백산무역 파산으로 전재산이 일제의 관리로 넘어가던 시기에 보성전문 역시 운영이 매우 어려웠다. 그래서 설립기부금을 약속한 공동설립자들에게 지불청구소송까지 했던 것이다. 인촌이 정식으로 이 학교를 인수한 것은 1932년이다. 그는 그 후에도 교촌 최부잣집을 자주 방문했다고 한다.

최부잣집 최염 주손에 따르면 많은 과객 중 드물게 전라도 사투리를 쓰던 인촌은 거의 매년 교촌에 왔다고 한다. 요컨대 인촌 김성수의 잦은 방문과 권유로 경주 최부자은 동아일보와 경성방직의 설립자로 참여했다. 보성전문의 공동설립자 명단에는 인촌의 권유가 아니라 천도교의 요청으로 이미 이름을 올려놓고 있었다.

국채보상운동과 월성학교, 그리고 월성여학교

월성초등학교는 1927년 4월 9일 경주여자공립보통학교로 개교했으며, 1945년에 월성국민학교로 개칭한 것으로 되어 있다. 하지만 '월성학교'라는 이름은 최부잣집 소장 국채보상문서 꾸러미에서 최초로 발견된다. 1907년 7월에 월성학교 개교를 위해 경주 유림대표 3인(최현교, 남교순, 최세걸)이 교육과정을 담당한 최부자 최준을 회의에 초청하는 간찰에서 처음으로 그 이름이 확인된다. 여기에는 경주 유림이 세운 육영재가 공립학교로 되었다가 다시 반환되어 월성학교로 개교하게 됨을 알리는 내용이 들어 있다.

월성학교는 1907년 또는 1908년에 경주 교촌에서 개교한 것으로 보인다. 그뒤 1911년 5월 5일에 최

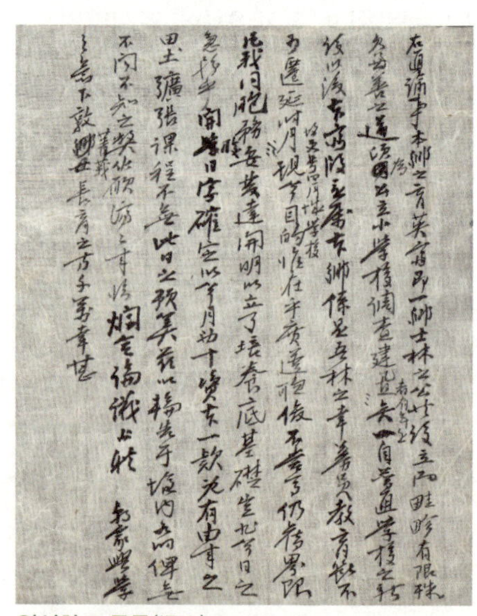

월성학교 통문(通文)

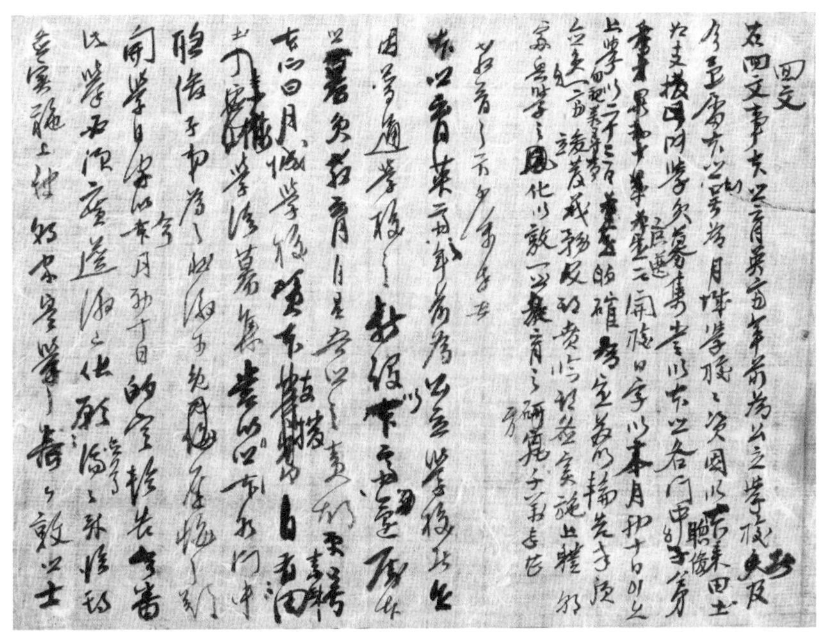

월성학교 회문(回文)

부자 최준에 의해 사립월성여학교가 경주 북정(北亭)에서 개교했다. 이곳은 (구)월성중학교 자리 부근이다. 일제의 한국 강점 2개월 전에 경주군 서기로 온 기무라 시즈오(木村靜雄)가 자신의 한국 생활을 회고하며 쓴 『조선에서 늙어가며』라는 책에는 월성여학교의 개교 과정이 기술되어 있다. 이 책에는 월성여학교 개교에 핵심 역할을 하는 'S'라는 신사(紳士)가 등장한다. 이 사람이 최준이라는 것은 2018년 최부잣집에서 발견된 고문서 2점을 통해 확인되었다. 이때 발견된 중요 자료는 설립자 최준의 개교식 연설문과 당시 경주군청 서기 오경수에게 보냈던 초대장이다.

이상의 내용으로 볼 때 월성여학교는 1911년 사립학교로 개교하여 1927년에 공립학교로 전환되었으며 경주 북정에서 노서동으로 이전된 것으로 추정할 수 있다.

월성여학교를 1920년대 후반에 졸업한 할머니들 중에는 북정에서 노서동으로 이전한 것을 기억하시는 분들도 있었다고 한다. 1927년은 최부잣집이 운영하던 백산무역이 천문학적 금액의 부도를 내기 직전이다. 어려운 사정에 처한 최부잣집이 사립월성여학교의 운영을 포기한 것으로 추정된다.

월성초등학교는 1927년 이전의 학교 역사를 되찾아야 할 필요가 있다. 이렇게 함으로써 1911년 사립월성여학교의 역사와 함께 육영재의 역사까지 회복할 수 있을지도 모른다. 육영재에 관한 자료는 서울대 규장각이나 경주향교에 관련 자료가 있을지도 모른다.

五 月城女學校

三六

僕か日韓併合後に施設した事業の内で、最も會心の事柄は月城女學校の創立である敢て誇りがましく吹聽する譯ではないが、僕の渡韓に探つて此の仕事位印象の深いものはないのだから、自襃に當るかとも思ふが、僕の内的生活から見てそんなことを杞憂して居る邉はない。

此の事業の發端は丁度明治四十三年の九月であつた、慶州は名邑ではあるが、そして堂々たる初等教育の機關も備はつて居たのに、女子を教育するの機關は全然なかつた、其れが邑民多年の恨事でもあつたのだ、そして其の事業の創始を熱心に唱道したものは、誰あらう松竹と云ふ未た三十歳に足らぬ一老妓であつたのだ、松竹は別段の教育もないが、所謂新しい女の一人で當時某郡守の外襞として邑内に居住し、常に久留米絣か何かの和服を着し、庇髪を結つて居て、能く談し、就れかと云へは能く論すると云ふ風であつた、此の老妓の唱道する處が僕を動かし、同時に鮮人有志を動かし、

기무라 시즈오의 회고록 『조선에서 늙어가며』 중에서 월성여학교 개교 과정이 서술된 부분.

최고 명창 박동진이 젊은 날 머물렀던 교동

계파(桂波) 최윤(崔潤, 1886~1969)은 '국악 천석', '서예 천석', '바둑 천석'이라는 말이 있을 정도로 전통예술을 사랑한 예인(藝人)이었다. 그는 일제강점기 의탁할 곳 없는 국악인들을 후원했기 때문에 당대의 최고 국악인들이 교촌을 자주 다녀갔다. 이 중에서도 가장 대표적인 사람이 명창 박동진이다. 박동진은 한 때 권번 기생들의 소리 선생을 그만두고 교촌 최부잣집 과객으로 장기간 있었다고 한다. 이때 유지들의 술상 앞에서 자주 소리를 했었는데, 이런 자리에서 소리를 하는 것은 공연장에서처럼 한두 곡씩 끊어서 하는 것이 아니라 한번 하기 시작하면 2~3시간 동안 계속해야 되는 힘든 일이었다. 박동진은 이 시기에 본격적으로 자신의 소리를 완성해나갔다고 한다.

그가 처음 최윤의 과객으로 온 때는 일제강점기였다. 이 당시는 우리 소리의 근대 5명창이 전국적 인기를 얻고 활동하던 시기였다. 근대 5명창이라 하면 송만갑, 이동백, 김창룡, 정정렬, 김창환을 말한다. 이 중 고종 황제의 어전 광대이기도 했던 송만갑과 중고제 판소리의 거장인 이동백(1866~1949)은 최윤의 초청

박동진 명창

으로 경주 교촌을 방문했다는 것이 확인된다. 다른 세 명창도 교촌을 다녀갔을 가능성을 충분히 있다.

최윤은 가무악에 심취한 애호가이면서 스스로 국악인이라 할 만한 기량을 지녔다. 특히 거문고는 악보를 정리하고 제자를 가르칠 정도로 일가(一家)를 이루었다. 박동진도 거문고를 최윤에게 배웠다고 한다. 최윤은 가세가 넉넉한데다 소리를 좋아해서 근대 5명창 중에서 으뜸이라 할 수 있는 송만갑과 이동백을 여러 번 초청했다.

송만갑은 동편제 명문가에서 태어났으나 집안의 소리 맥을 잇지 않고 '청중과 교감할 수 있는 소리'를 찾아 조선성악연구회를

설립했으며, 판소리와 창극의
대중화에 기여한 진정한 예술
인이었다.

큰 체구와 풍부한 성량으로
이름이 높았던 이동백은 〈심
청가〉와 〈적벽가〉를 잘 불렀
다. 특히 〈새타령〉으로 많은
인기를 누렸는데 암컷과 수컷
의 미세한 음색을 묘사할 정도
로 기량이 뛰어났다고 한다.

최윤은 이런 당대 최고 명

송만갑 명창

창들의 소리도 좋아했지만 아직 미숙하고 열심히 배워 나가는 박
동진을 자주 초청해서 소리를 듣고 거문고도 가르쳐 주었다고 한
다. 최윤이 당대 최고 명창 송만갑과 이동백 중에서 누가 더 나은
소리를 하는지 본인들에게 물어본 일화는 유명하다. 송만갑과
이동백은 최윤에게 말하기를 상대방의 소리를 칭찬하면서도 결
코 자신보다 낫다고 하지 않았다. 최윤은 이 이야기를 박동진에
게 들려주었다. 박동진은 이때의 일을 나중에 어느 신문에서 회
고했다. 최윤이 재미로 말했을 수도 있겠지만 당대 최고 명창들
의 자존심 다투는 이야기를 듣고 젊은 박동진이 분발하도록 한
것은 아닐까?

박동진은 해방 후에도 교촌에서 지낸 적이 있는데 경주에서 소

이동백 명창

리 선생을 하고 있을 때 한국 전쟁이 터졌다고 한다. 그는 국민방위군 산하 정훈공작대에 들어가서 국군위문공연을 다녔고 군대에서 나와서는 우리 전통 창극을 공연하는 국극단 생활을 했다.

1961년에는 그의 인생의 일대 전환점을 맞는데 바로 국립국악원의 국악사보로 발령받은 것이다. 국립국악원 시절 그는 판소리를 모두 완창하여 고사 직전의 전통 판소리를 기사회생시켰다. 그는 이런 일로 독보적인 명창의 반열에 올랐다. 박동진은 젊은 시절 어려울 때마다 경주 교촌을 찾았다. 이곳 교동은 박동진이 후일 대성하는데 필요한 토대를 닦은 곳이다.

최부잣집 차남, 최윤(崔潤)

마지막 최부자 최준에게는 3명의 동생이 있다. 최윤, 최완, 최순이 그들이다. 최완과 최순은 큰형 최준과 같이 독립운동을 한 지사(志士)들이었다. 이와 달리 최윤은 예술가로 개성이 강한 인물이었다. 그의 교촌 집은 일제강점기 국악인들의 보금자리였다. 당대 최고 명창을 겨루던 송만갑, 이동백이 그의 집을 몇 번이나 다녀갔고, 해방 후 국악계의 큰 인물 박동진도 최윤에게서 거문고를 배웠다.

최부잣집 맏이 최준은 1928년 백산무역주식회사가 파산한 후 사회활동을 줄이고 집안에 칩거했다. 조선총독부는 모든 재산이 식산은행으로 넘어가 몰락한 그에게 친일을 하도록 회유했다. 식산은행 총재가 찾아와 그에게 중추원 참의를 하면 부채를 탕감해 주겠다고 했다. 다른 한편으로는 단계적으로 강제집행을 하면서 1930년대 중반까지 이런 회유와 압박을 계속했다. 그런데 동생 최윤이 갑자기 1936년 중추원 참의를 하겠다고 나섰다. 그는 결심에 앞서 집안에 아무 말이 없었고 맏이 최준과도 의논하지 않았다. 예술가 기질을 가진 그는 이 심각한 결정을 하는 데

최준(오른쪽), 최윤(왼쪽) 형제

있어서 깊이 숙고하지 않은 것 같다. 그런데 이 결과로 일본의 최부잣집에 대한 압박은 줄어든다. 식산은행은 담보로 제공된 전답의 강제집행을 중단하고 남아 있던 약 1/3의 전답을 조선신탁에 맡겨 신탁관리했다. 전답을 신탁관리하는 방식은 소유권은 뺏지 않고 매년 수확된 곡식을 가져가며 생활비 명목으로 일부를 남겨주는 것이다. 나중에 조선신탁이 관리하던 전답은 해방 후 최부잣집이 되찾게 되었다. 최준은 이렇게 일부 되찾은 재산으로 (구)대구대학과 계림대학을 설립했다.

해방 후 최윤은 경주문화협회 회장이 되면서 경주예술학교 설립에 중요한 역할을 했다. 경주예술학교는 우리나라 최초로 설립된 예술대학이다. 당시 경주 예술학교는 좌익계열로 분류되던 곳이다. 그의 친일 행위가 컸더라면 좌익이 대부분이었던 경주 예술학교나 경주문화계에서 어떤 역할도 할 수 없었을 것이다. 그는 비행기 헌납이나 거액 국방헌금, 일본 지원병 권유와 같은 악질 친일행위를 하지 않았다. 반민특위에서도 가장 먼저 풀려났다.

친일행위자이지만 경주 사회는 그를 문화계에서 중요한 역할을 하도록 했다. 일제강점기에 그가 한 일은 경주역 건립에 많은 돈을 냈고, 이규인 선생이 거액의 설립 자금을 기부하고 돌아가시자 경주중학교 설립 과제를 맡아 지역을 대표하여 역할을 다했다. 한국전쟁 때 경주에 수많은 피난민이 몰려들어 주거 문제가 심각해지자 최윤은 자비로 동천동 제방을 막아 이곳에 거주 공간을 만들어 주었다. 평생 국악을 즐기면서 예술가로 살았던 그는 말년에 동도국악원에서 최창로, 이말량 등의 지역 국악인들과 율회를 계속했고 그곳에서 사범으로 활동했다.

교촌 최부자는 어떤 사람들인가?

경주 최부잣집이 부자의 기반을 일군 곳은 경주시 내남면 이조리이다. 임진왜란과 병자호란에 참전했던 최진립의 손자이자 3대 최부자라 불리는 최국선이 이곳에서 많은 토지를 개간하여 모든 토지에 수리 시설을 갖추고 모내기법을 전면 도입함으로써 큰 부자가 되었다. 이때만 해도 그는 소작인들에게 수확의 70% 이

최부잣집이 자리 잡은 교촌마을 전경

상을 소작료로 받았고 곡식을 빌려주고 높은 이자를 받는 여느 부자들과 같았다.

이때는 병자호란이 끝나고 삼십년이 흘렀지만 백성들의 삶은 곤궁했다. 그래서 횃불을 들고 부잣집에 쳐들어가서 빚문서를 불태우는 명화적(明火賊)도 자주 출몰했다. 최국선도 여러 번 명화적으로부터 침입을 당했다. 명화적은 복면으로 얼굴을 가린 자들이 대부분이었으나 간혹 얼굴을 노출한 자들이 있었는데 그들이 자신의 소작인들이란 걸 알고 최국선은 큰 충격을 받았다. 지위와 권세를 이용하여 가렴주구로 큰 재물을 모은 부자들이 대부분이었던 시절에 나쁜 짓 하지 않고 정당하게 큰 부자가 되었다고 자부하던 그였기에 충격은 더욱 컸다.

집 밖으로 나가지 않고 상념에 잠겨 여러 날을 보낸 그는 곡식을 빌려준 빚문서를 마당 한가운데 모아 놓고 불을 질렀다. 하인들과 이웃들에게 이것을 알리고 소문이 나도록 했다. 또 앞으로는 모든 수확에 대해 소작인과 반씩 나누겠다고 했다. 이후로 명화적이 최부잣집에 쳐들어오는 일은 없었다. 또 최국선은 마름을 없애고 소작인을 직접 만나 그들의 사정을 들었다. 요즘에도 종업원이 수백 명 되는 회사 사장이 종업원들을 1년에 한 번씩 면담한다는 것이 쉬운 일은 아니기에 그의 선구자적인 노력은 특별한 데가 있다.

최부잣집이 지금의 교촌으로 이사 온 것은 1779년이다. 이때 최부자는 최언경이었다. 최언경은 양자로 들어왔다. 그는 전면

8대 최기영의 호 '용암(龍庵)'에서 따온 용암고택 편액

9대 최세린의 호 '대우(大愚)'에서 따온 대우헌 편액

다섯 칸의 누마루가 있는 남강서당을 짓고 교육에 힘썼고 많은 서적을 모아 이웃들도 나누어 보게 했다. 지금도 남강서당의 도서목록이 최부잣집에 소장되어 있다.

최언경의 아들은 최기영이다. 최기영은 젊어서 금강산과 개성 등 전국을 유람했다. 그는 계층과 신분을 따지지 않고 다양한 사람들과 사귀면서 많은 시를 남겼다. 그는 제법 나이가 들어 진사시에 입격하는데 이런 방랑과 공부를 통해 얻은 교훈은 후손들에게 전해져 착한 부자로 대를 이어가게 했다.

최기영의 아들은 대우헌(大愚軒) 최세린이다. 그는 생원시에 입격했다. '대우헌'이란 '크게 어리석은 사람이 사는 집'이란 뜻이다. 그의 호에는 이재에 밝은 작은 사람이 아니라 얼핏 어리석게

11대 최현식의 호 '둔차(鈍次)'에서 따온 편액

보이지만 많은 사람들을 위해 사는 큰사람이 되겠다는 포부를 담았다고 한다.

최세린의 아들은 둔와(鈍窩) 최만희이고, 손자는 둔차(鈍次) 최현식이다. '둔와'는 '움집에 사는 둔한 사람', '둔차'는 '둔해서 2등 하는 사람'을 뜻한다. 이들의 호에는 빼어난 재주를 추구하지 않고 일등이 아닌 조금 둔한 이등으로 살겠다는 뜻이 담겨 있다. 또 움집에서 지내는 것처럼 소박하게 살면서 이웃의 어려움을 돌보는 사람으로 살겠다는 각오를 담았다고 한다.

최현식은 스스로 정리한 『각비록』이란 책을 남겼는데, 여기에는 '기곤인구활법(飢困人救活法)'이 들어 있다. 풀이하면 '굶어서 죽게 된 사람을 살리는 방법'이라는 뜻이다. 무엇 하나 부족할 것 없는 만석꾼이 이런 내용을 정리한 까닭은 무엇일까? 그는 이등으로 살기로 다짐하면서 경주 안에 있는 어려운 사람들의 명단을 만들어 그들에게 곡식을 보내주었다. 그 기록은 『기구성책(飢口成册)』과 『진급기(賑給記)』로 남아 있다. 또 그는 경주국채보상

최부잣집에 걸려 있는 편액

운동 회장을 맡아 운동의 전 과정을 책임졌으며 신돌석, 최익현, 이강린, 이중린 등 많은 의병장들을 지원했다.

최현식의 아들이 마지막 최부자 최준인데 그는 상해임시정부에 거의 모든 재산을 보내고, 해방 후에는 남은 재산마저 지금 영남대학교가 되어 있는 (구)대구대학과 계림대학을 만드는 데 모두 기부하여 마침내 12대 최부자의 마침표를 찍었다.

교촌과 영남대

최부잣집은 일제강점기에 막대한 금액을 독립운동에 보냈다
가 전 재산이 조선총독부로 넘어갔다. 해방 후 재산의 일부를 되
찾았으나 이것마저도 대구대학과 계림학숙 설립에 모두 바쳤다.
심지어 자신이 사는 집과 선산까지 모두 학교 재단에 넣었다. 하
지만 그 결정이 현대사의 큰 사건들로 인해 자신들에게 돌아올
고통을 당시에는 알 수 없었다.

1964년 주룩주룩 비 내리던 어느 날, 고급 승용차 행렬이 교촌
최부잣집 앞마당에 멈췄다. 차에서 내린 사람은 당시 우리나라
최고 기업인이라고 하던 삼성 이병철 회장이었다. 차남 이창희
와 많은 수행원들이 대동했다. 당시 삼성의 계열사 사장이던 신
현확은 대구대학의 운영을 맡고자 하는 이병철 회장의 의사를 최
부잣집에 전달했지만 동행하진 않았다. 이병철 회장 일행은 이
날 울산의 한국비료공장 건설 현장을 방문하러 가던 길이었다.

이병철 일행은 최부잣집의 큰사랑채 누마루에서 최준 이사장
을 만났다. 이병철은 (구)대구대학의 "운영을 맡겨주시면 한수
(漢水) 이남에서 최고 대학으로 만들겠습니다"라는 각오를 피력

했다. 최준은 우리나라에서 첫째가는 부자가 맡는다면 한강 이남 최고 대학이 될 것으로 기대하며 "고려대학 설립자가 누군지 아는가?"라고 물었다. 이병철은 "인촌(김성수) 선생인 줄 압니다"라고 했다. 최준은 "아닐세, 고려대학은 보성전문으로 한말(韓末)에 이용익 대감이 세웠네. 손병희 선생의 천도교가 맡았다가 나중에 인촌이 운영하게 되었다네. 그렇지만 지금은 모두 고려대학을 인촌이 세운 줄 알고 있네. 대구대학도 마찬가질세. 자네가 맡아서 한강 이남 최고 대학으로 만든다면 모두 자네가 설립한 걸로 알 걸세"라고 말했다.

1960년대 초반까지 삼성은 특혜로 원료를 확보할 수 있었던 '삼백산업(三白産業), 즉 제분, 제당, 면방직 공업에서 엄청난 이익을 얻고 있었다. 하지만 사회 기여도가 매우 낮아서 삼성에 대한 인식은 좋지 않았다. 이런 사정으로 이미지 개선을 위해 삼성은 대학 운영이라는 교육사업을 하게 되었다.

1960년대 초까지 대부분 사립대학이 학생을 부정 입학시키고 받은 돈으로 운영했지만 최준은 이들과 거리가 먼 모범적인 대학 운영을 했다. 당시 (구)대구대학은 대학캠퍼스로 손색이 없는 현대식 건물들을 갖추고 있었다. (구)대구대학 인수는 삼성의 이미지를 제고할 수 있는 좋은 선택이었다. 최준은 대구대학 운영권을 이병철에게 넘기면서 어떤 댓가도 요구하지 않았다. 최준은 학교를 사회에 환원된 공공재로 생각하는 당시로서는 보기 드문 교육자였다.

사카린 밀수사건에 책임을 지고 은퇴 기자회견을 하는 삼성 이병철 회장(1966)

한편 1966년 박정희 대통령은 3선을 위한 헌법 개정에 몰두하고 있었다. 한편으로는 만약 3선 개헌에 실패하면 대학 총장이나 이사장으로 갈 생각으로 청구대를 인수했다. 그런데 이 무렵 그 유명한 삼성의 사카린 밀수사건이 터졌다. 이병철은 은퇴 기자회견을 했다. 사카린 원료와 각종 사치품을 밀수했던 삼성은 울산의 한국비료를 국가에 헌납하고 위기를 모면하기 위해 자기 것도 아닌 (구)대구대학을 박정희 개인에게 바쳤다. 만약 박정희 개인이 아니라 국가에 헌납되었다면 최부잣집은 어떤 이의도 없었을 것이다.

교촌의 집과 최부잣집 선산까지 모두 영남대 재단에 들어가게 된 것은 한국전쟁을 피해 경주로 피난 온 교수와 학생들을 위해

국가민속문화재로 지정된 경주최부잣집 가옥에는 현재 영남대 소유라는 안내판이 붙여져 있고, 후손들은 날마다 그것을 바라보며 살아가고 있다.

최부자가 두 번째로 설립한 대학, 즉 계림학숙 때문이다. 당시는 전쟁 직후라 건물 신축이 어려웠다. 그래서 대학본부로 최부자 고택을 사용했고 집안 서당과 친척집들을 강의실이나 학교 부속 시설로 사용했다. 대학교 설립에 필요한 요건을 맞추느라 최준은 조상들 묘가 있는 선산까지 재단 소유로 하게 되었다. 이렇게 재단에 들어간 고택과 선산들을 이병철이 사카린 사건의 위기를 모면하기 위해 박정희 개인에게 헌납했고 군사작전처럼 진행된 통합 영남대 출범 이후 지금과 같은 상태가 되었다. 영남대 출범을 위한 회의에 최준 참석을 가로막았던 군인들은 유신시대가 되자 최준의 손자 최염을 그야말로 '막걸리 반공법' 혐의로 아무 죄

 12대를 이어온 나눔과 상생의 실천 가문

도 없는데 서울 남산(중앙정보부)으로 끌고 가 고문까지 했다. 말조차 못 꺼내게 겁을 준 것이다.

현재 최부잣집과 친척들은 경주 교동에서 영남대 소유의 집에서 살고 있거나 근거를 두고 있다. 원래의 주인이 지금은 말하자면 세입자 아닌 세입자 신세가 된 셈이다. 그렇다고 조상 대대로 살아오면서 선조의 얼이 살아 있는 사당과 손때가 묻어 있는 고택을 떠날 수도 없는 후손의 마음을 영남대학이 헤아려야 함에도 오히려 법적 소유권만 주장하는 것이 현실이다. 아름다운 교촌의 이면에는 일반인들이 잘 모르는 대한민국 현대사의 어두운 그림자가 아직도 드리워져 있는 것이다.

경주 최부잣집 가계도

1代
최진립崔震立
1568~1636
잠와潛窩

2代
최동량崔東亮
1598~1664
송정松亭

3代
최국선崔國璿
1631~1682
사옹원참봉

4代
최의기崔義基
1653~1722
교동계파조

5代
최승렬崔承烈
1690~1757

6代
최종률崔宗嵂
1724~1773

7代
최언경崔彦璥
1743~1804
남강南岡

8代
최기영崔祈永
1768~1834
용암龍庵

9代
최세린崔世麟
1791~1846
대우헌大愚軒

10代
최만희崔晩喜
1832~1879
둔와鈍窩

11代
최현식崔鉉軾
1854~1928
둔차鈍次

12代
최준崔浚
1884~1970
문파汶坡

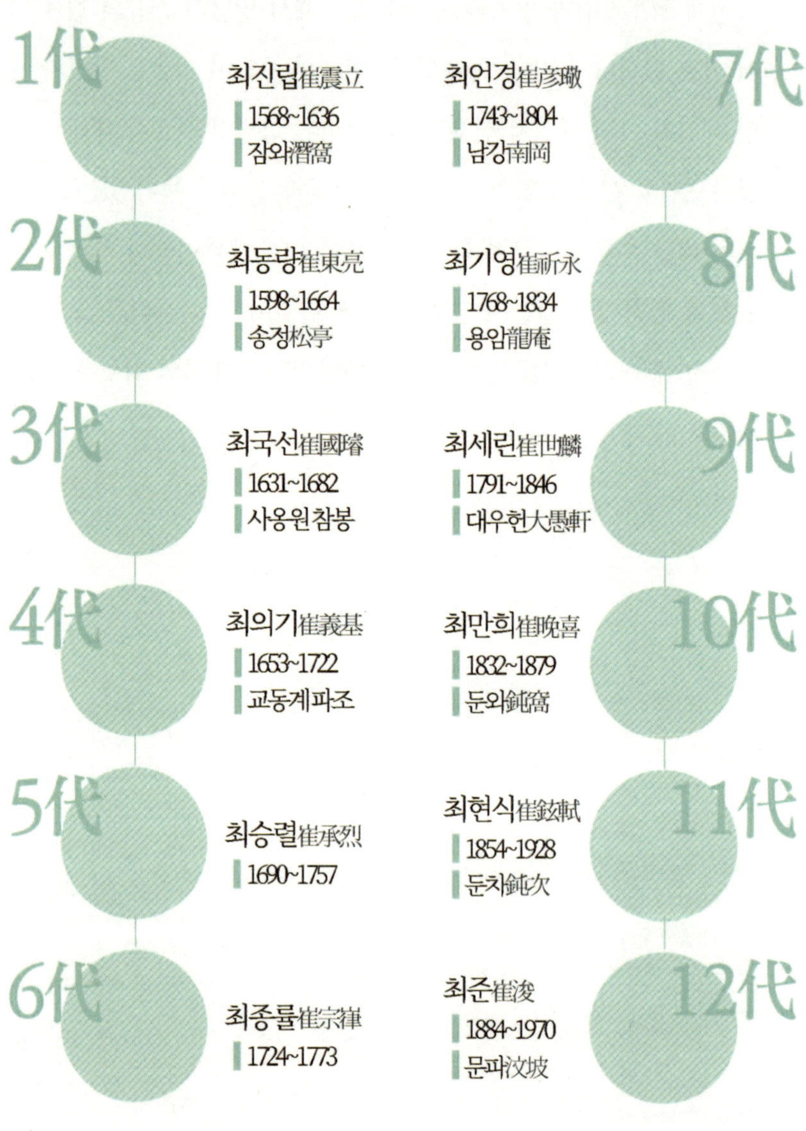